중국은 어떻게
서양을 읽어왔는가

일러두기
[   ]의 부연 설명은 옮긴이의 것이다.

중국은 어떻게 서양을 읽어왔는가

中國が讀んだ現代思想

개혁개방 이후 중국 사상계의 백화제방

왕첸 지음 | 홍성화 옮김

글항아리

중학생 때부터 일본어 공부를 시작하여 일본의 대학원에서 인문 사상을 전공한 필자가 보기에 일본은 세계에서도 매우 보기 드문 현대 사상의 저장고다. 일본 학계는 전 세계, 특히 서양 지식세계의 흐름에 항상 민감하고, 번역의 속도나 규모 등도 다른 나라가 도저히 따라잡을 수 없을 정도로 발군이기 때문이다. 이 점은 중국 학계에도 잘 알려진 사실이다. 벌써 10년 전의 일이지만 중국 사상계에서 저명한 중견 연구자가 일본에 왔을 때, 일본에는 이미 일본어판 플라톤 전집이 몇 종류나 된다는 사실을 내가 이야기하자 매우 놀라워하던 모습이 아직도 생생하다.

규모나 내용 등에서는 일본에 비해 상당히 늦지만 실은 중국도 일본과 마찬가지로 서양 사상을 반복적으로 흡수했다. 그리고 지금도 계속 그 사상을 소화해가고 있다. 전대미문이라고밖에 말할 수 없는 문화대혁명(1966~1976) 초기를 제외하면 외국철학이나 사상에 대한 연구가 단절된 적은 없었다. 학계에서는 아직까지 풋내기였던 청년 데리다가 헤겔 철학을 해체deconstruction했던 논문도 문화대혁명 시기의 중국에 소개되었다고 한다.

잘 알다시피 1949년 이후의 중국에서는 마르크스주의가 국가 이데올로기로서 확립되어 있었고, 상당히 오랜 기간, 다른 사상은 기본적으로 반동 부르주아 이데올로기로밖에 간주되지 않았다. 이러한 시대에는 마르크스주의와 그 당시 최고 지도자의 사상 이외에 다른 사상은 필요하지 않았던 것이다. 특히 문화대혁명 무렵에는 도리어 지식이 많으면 많을수록 '반동적'이라는 말을 들을 정도였으니 도저히 '현대 사상'을 운운할 형편은 아니었다. 당시 지식인에 대한 억압을 말해주는 다음과 같은 일화가 있다. 현대 중국을 대표하는 철학자인 리쩌허우李澤厚[1]는 문혁文革 당시에 '하방下放'되어 노동을 하는 사이에도 틈틈이 촌음을 아껴서 칸트 철학 연구에 매진했던 인물인데, 칸트 책을 읽는 것이 들

킬까 두려워서 『순수이성비판』 위에 몰래 『마오쩌둥 선집』을 펼쳐 놓는 '위장공작'을 하면서까지 읽었다고 한다. 부르주아 문화 따위 는 사라져야 마땅하다는 시대였기 때문에 일반적인 연구도 변변히 할 수 없었다. 대부분의 대학자는 부르주아 반동적 학술권력이라 는 딱지가 붙은 채 비판을 받았고, 생애 가장 생산적인 시기를 육체 노동으로 허비할 수밖에 없었다. 아이러니하게도 이 시기는 문화 의 대혁명 시기가 아니라 오히려 반문화의 대혁명 시기였다.

그러나 언제까지나 문명의 주류로부터 계속 벗어날 수는 없었 다. 문혁의 증언과 함께 중국의 지식인 사이에도 외국의 사상이 나 학문에 대한 갈망이 점점 강해졌고, 1980년대에 들어와서는 여러 외국 사상이 우후죽순으로 소개되었다. 많은 번역 총서를 출판해 여러 나라의 사상이나 학문을 탐욕스럽게 섭취하기 시작 한 것이다.[2] 이는 쇄국에서 개국으로 향하고 있던 여러 나라에서 곧잘 발견할 수 있는 현상이고 제2차 세계대전 직후의 일본과도 유사한 상황이었다.

이 시기, 특히 1984년과 1985년 사이에는 성난 파도처럼 선진 국의 사상이나 문화를 소개했을 뿐만 아니라 중국의 새로운 문화 의 모습이나 중국의 진로를 둘러싸고도 격렬한 논의를 진행해 '문화 붐'(중국어로는 '문화열文化熱')까지 일어났다. 중국이 다른 나라에 비해 뒤처진 원인은 무엇인가. 왜 문혁과 같은, 나라를 붕괴 일보 직전까지 몰고 간 초유의 사태가 일어났던 것일까. 중국의 문화 전통과 근대화는 어떠한 관계가 있는가. 많은 지식인이 이러한 문제를 치열하게 고민하고 진지하게 반성한 결과 5·4운동의 뒤를 잇는 새로운 계몽 시대가 시작되었다. 개혁개방과 연동된 형태로 일종의 사상해방 운동이 일어났던 것이다. 여기에 이르러서 1949년 이후 처음으로 사상의 개국이 시작되었고, 선진국의 훌륭한 문화를 배우면서 자신의 나라를 본격적으로 근대 국가로 변모시키려고 했던 많은 지식인이 이상에 불타던 이상주의 시대이기도 했다.

1989년 톈안먼天安門 사태를 경계로 하여 중국의 사상계는 1980년대와는 매우 다른 양상을 띠기 시작했다. '사상가의 시대로부터 학자의 시대로'라는 표현이 단적으로 그 변화를 상징하고 있다. 바꾸어 말하면 지식인이 민중의 대변자를 자임해서 활동하던 '광장'에서 내려와 서재로 돌아간다는 방향 전환이 불가피했던 것이다. 청나라 건륭제乾隆帝, 가경제嘉慶帝 시대에 융성을 자랑하던 고증학考證學과 같은 학문이 다시 주목받게 된 까닭이 여기에 있었다. 그러나 1990년대에 접어든 뒤로는 많은 사람의 예상과는 달리 외국 사상의 소개나 연구의 규모가 축소되기는커녕 오히려 더 넓은 범위에 걸쳐서 이루어졌고 그 수준도 더 높아졌다. 이런 의미에서 중국 경제의 발전도 같은 전개를 보였다고 말할 수 있다. 1992년 덩샤오핑鄧小平이 남순강화南巡講話3를 할 무렵, 중국이 오늘날과 같은 경제 발전을 이루리라고는 그 누구도 예상하지 못했던 것과 같다.

21세기에 들어와서도 일본을 포함한 선진국의 사상을 받아들이는 중국의 기세는 쇠하지 않고 더 다양해지고 있다. 서양여러 나라의 다양한 현대 사상 유파를 '본점'에 비유한다면, 중국에서는 각각의 '지점'을 볼 수 있을 정도로 백화제방의 사상계가 형성되고 있다. 소화불량이나 피상적인 이해라는 지적도 있을 수 있지만, 적극적으로 흡수하려고 하는 그 의욕만큼은 인상적이라고 할 수 있다.

필자가 이 책에서 중점적으로 묘사하고자 하는 것은 약 사반세기 동안 선진국의 현대 사상을 소개하고 수용한 중국 사상계의 역사다. 단순히 학술사적인 소개가 아니라 그 배후에 있는 동기는 무엇인지, 중국 사회의 역동적인 변화를 염두에 두고 사상과 사회의 연동에도 주목하면서 고찰하고자 한다. 그리고 기나긴 역사를 가진 고유의 사상 문화와 외래의 사상 문화가 충돌하는 속에서 중국 지식인이 어떻게 선진국의 사상 문화를 자신의 것으로 만들었는가에 대해서도 소개하고자 한다.

중국 사상계에서 외국의 현대 사상을 소개하고 수용하는 것은 아편전쟁 이후 서구 열강으로부터 '강요된 근대화 혹은 근대성 modernity의 실현'에 대해서 중국 및 그 지식인층이 어떻게 반응해 왔는가를 상징하는 사건이라고도 할 수 있다. 그런 의미에서 중국에서 서양 사상의 수용은 어떤 종류의 보편성을 지닌다고 말할 수 있다. 또한 일본과의 유사성도 확실히 발견할 수 있을 것이다.

이 책은 일본 독자들을 위해서 보통은 별로 주목하지 않았던 중국의 사상세계라는 중요한 현실을 될 수 있는 한 사실적으로 묘사하면서 살펴보고자 한다. 이는 중국의 가장 예민하고 활동적인 두뇌에 의한 자극적인 드라마이기도 하다. 지식인의 동향은 경제활동이나 정치세계의 흐름 혹은 연예계 스타의 활약만큼 사람들의 주목을 받진 않지만 결코 그 영향을 무시할 수 없다. 별로 눈에 띄지 않고 눈에 보이지도 않는 형태이지만, 많은 사람의 사고나 행동에 영향을 주기 때문이다. 오늘날 중국 사상계는 무엇을 생각하고 있는가. 현대 사상이 어떻게 중국에서 읽히고 수용되었는가. 이러한 동향을 추적하면서 논평하는 작업은 걸핏하면 오해가 생기기 쉬운 중일 간의 상호 이해를 심화하는 데 도움을 줄 수 있기를 기대한다.

차례

中 國 が 讀 ん だ 現 代 思 想

새로운 계몽 시대의 개막

: 『독서讀書』 창간과 휴머니즘의 복권

『독서』라는 사상세계의 탄생

서양 법제사가인 가미야마 야스토시上山安敏(1925~)는 19세기 말부터 20세기 초까지의 독일을 중심으로 한 유럽 지식계를 다룬 그의 저서인 『신화와 과학』에서 '출판'에 대해 다음과 같이 적고 있다.

시대정신이 명확한 상으로 그 모습을 드러냈을 때, 그 표

현을 담당한 출판계에서도 변화가 감지되었다. 지식인 운
동에 대해 천착할 때 반드시 출판인의 움직임과 마주치게
된다. 출판은 새로운 지식인 탄생의 산파 역할을 담당했
고, 어둠 속에 서 있었지만, 또한 '지知'를 창조하고 조직한
다는 측면도 지니고 있었다. 따라서 사상이 기능하는 구
조를 보기 위해서는 출판의 생태적 관찰이 필요하다. 이는
원래 출판이라는 일이 창조적인 작업이기 때문이다.[4]

이는 출판과 '지知'의 생산관계에 대한 날카로운 지적이다. 프
랑스 계몽 시대에서 디드로 등의 백과사전과 사상가의 출판활동
을 생각한다면 저절로 고개가 끄떡여지는 결론일 것이다. 가미야
마의 분석은 유럽 지식사회에 적용될 뿐만 아니라, 근현대 중국
의 사상계를 회고할 때도 그대로 적용할 수 있다.

5·4운동 전에 천두슈陳獨秀가 창간한, 새로운 사상이나 학문을
소개한 『신청년新靑年』이라는 잡지는 당시의 중국 언론계, 특히 청
년들에게 커다란 충격을 주었다. 이 잡지를 빼고서는 중국 현대
사상사를 말할 수 없다. 그리고 1980년대에 계몽활동을 교묘하
게 전개했다는 의미에서 『신청년』에 필적할 만한 것으로는 『독서
讀書』라는 잡지를 들 수 있다. 1980년대의 문화 붐이나 새로운 계

몽운동을 고찰할 때, 이 잡지만큼 중요한 매체는 있을 수 없다. 이 잡지는 거의 모든 사상계의 동향과 관련을 맺고 있었다고 할 정도로 그 존재감은 비할 데가 없었다. 서양에서 서평을 다루는 대표적인 잡지라고 한다면 『타임 리터러리 서플먼트Time Literary Supplement』나 『뉴욕 리뷰 오브 북스New York Review of Books』와 성격이 매우 유사하다. 사실 원래 『독서』의 창간자들은 이 두 서평지를 염두에 두고 편집 방침을 결정했다고 한다. 중국에서 개혁개방이 시작된 이후, 중국 사상계의 동향은 거의 모두 『독서』를 통해서 조망할 수 있기 때문인데, 이 책에서는 앞으로 『독서』가 몇 번이나 등장할 것이다.

1979년 4월의 『독서』 창간호에 게재된 리훙린李洪林의 「독서에는 금기가 없다讀書無禁區」라는 에세이는 독서의 자유를 주창하고 문화의 쇄국주의를 비판했기 때문에, 이러저러한 제한이 많았던 당시의 독서계에 일대 충격을 가져다주었다. 이 명문장이 발표되기 3~4년 전까지의 10년간, 중국의 전통적 고전뿐만 아니라, 봉건적이거나 부르주아적이라고 하는 이유에서 세계의 명저도 출판이 금지되었고, 이러한 책들을 읽는 것 자체도 금기시되었다. 이러한 시대 배경을 고려한다면, 리훙린의 에세이는 매우 용기 있는 글이었다는 것을 알 수 있다. 그 후에도 『독서』는 오늘날까지 일관되게 여러 외국 사상을 계속 소개했고, 중국 독서계로서는 외부의 지적 세계를 아는 데 필수 불가결한 창구 역할을 계속해왔다. 물론 현재는 『독서』 이외에도 여러 매체가 나타나서 『독서』가 누리고 있던 중요성은 얼마간 변했다고도 할 수 있지만, 중국이 개방을 감행한 직후인 1980년대에는 외부 세계를 알 수 있는 귀중한 통로였던 것이다.

『독서』는 창간 당시 인도학의 대가인 진커무金克木(1912~2000)나 일본의 중국학계에도 그 이름이 널리 알려져 있는 언어학계의 장로라고 할 수 있는 뤼수샹呂叔湘(1904~1998) 및 대표적인 문인 학자 첸중수錢鍾書(1910~1998)[5] 등 중국 인문·사회과학계 노대가들의 지지를 얻었을 뿐만 아니라, 나중에 많은 소장학자가 중국 논단에 등단하기 위한 무대 구실을 톡톡히 해냈다.『독서』에 투고하지 않은 유명한 작가나 학자는 거의 없다고 할 정도로, 1980년대 중국의 새로운 계몽 시대에 큰 역할을 했다. 때문에 당시 이데올로기를 관할하는 정부 당국에 편집장이 몇 번이나 '소환'되기도 했다고 한다.[6] 사상해방이나 계몽으로 가는 길이 얼마나 험난한가를 말해주는 일화라고 할 수 있다.

휴머니즘의 복권과 사르트르 붐

『독서』가 창간된 직후인 1980년대 전반의 중국에서는 휴머니즘이 가장 커다란 공명을 불러왔던 사조였다. 이는 인간의 존엄과 권리가 무참히 유린되었던 문화대혁명을 경험했기 때문이다. 혁명이라는 이름으로 수많은 무고한 사람이 박해를 받았던 가혹한 정치 캠페인에 대한 반성에서 자연스럽게 휴머니즘 사상이 사람들의 마음을 사로잡았던 것이다. 휴머니즘은 부르주아적인 사상이라는 논점에 대해서 마르크스주의 안에서도 휴머니즘을 내포해야만 한다고 주장하는 체제 내 학자가 나왔던 것 역시 이 무렵의 일이다. 그들의 주장에 따르면 휴머니즘은 결코 부르주아가 독점하는 가치관이 아니라 마르크스주의의 중요한 부분이기도 했다. 이런 견해는 바로 문화대혁명에 대한 강한 비판의식에서 생겨났다. 이러한 시대 배경이 있었기 때문에, 장 폴 사르트르가 중국의 지식사회에 재빠르게 등장할 수 있었던 것이다.

이는 제2차 세계대전이 끝난 직후 유럽이나 일본에서 실존주의가 유행했던 것과 실로 유사하다고 할 수 있다. 철학자 기다 겐木田元은 그의 자서전에서 제2차 세계대전 종전 직후에 도스토옙스키나 키르케고르의 책을 탐독했고, 어떻게든 독일어로 하이데거의 『존재와 시간』을 읽고 싶었기 때문에, 도호쿠 대학 철학과에 들어갔노라고 회고하고 있다. 인생의 의미를 깨닫기 위해 철학과까지 들어가는 것은 드문 사례이지만, 커다란 동란기를 경험한 사람들이 실존주의에 매혹되었던 것은 결코 불가사의한 일이 아니었다. 문화대혁명으로 실존주의의 거인인 사르트르가 중국의 많은 지식인에게 환영을 받은 까닭에 가장 지명도가 높은 사상가가 되었던 것이다.

중국에서는 오랫동안 사르트르가 마치 20세기의 가장 위대한 철학자, 문학자처럼 읽혔고, 사르트르 붐이 일어났다. 그런데 어째서 이러한 붐이 일어났던 것일까. 그 이유를 조금 더 자세히 고찰해보고자 한다.

여기에서 주목하고자 하는 것은 사르트르와 마르크스주의의 관계다. 사르트르는 마르크스주의를 높이 평가한 사상가로서 소개할 때 위험부담이 적다. 자본주의 세계의 사상가라고는 하지만, 마르크스주의 사상의 '우군'이라는 것은 확실하다. 실제 사르트르는 평생의 반려인 시몬 드 보부아르와 함께 서구의 '진보적인 작가'로서 1955년 9월부터 11월까지 45일 동안 중국에 체류하면서 각계 지도자를 비롯해 유명 문학자와 담화를 나눴다.

즈다노프의 망령

또 하나의 포인트는 사르트르가 철학서 외에도 문필가로서 희곡을 포함한 많은 작품을 남겼다는 점이다. 그의 사상을 알고 싶어 했던 사람들이 그의 난해한 철학서를 통해서라기보다 오히려 문학작품으로 입문한 경우가 압도적으로 많은 듯했다. 사르트르의 희곡 『존경할 만한 창부』에 기초하여 만들어진 영화가 개혁개방이 시작된 직후인 중국에서 여러 번 상영되었고, 중국에 대한 사르트르의 영향력 확대에 박차를 가하게 되었다고 할 수 있다.

많은 프랑스 사조가 프랑스 문학 연구자에 의해 소개되었던 일본과 마찬가지로 중국에서도 가장 일찍 사르트르를 소개한 이들은 프랑스 문학 연구자들이었다. 사르트르 붐에 가장 빨리 착수한 사람은 저명한 프랑스 문학자인 류밍주柳鳴九(1934~)였다. 중국의 사르트르 연구 제1인자이기도 한 그는 중국이 개혁개방 시대에 막 들어섰던 1981년, 이미 500페이지가 넘는 『사르트르 연구』를 편집하고 정력적으로 사르트르를 소개하고 있었다. 그가 남긴 일련의 역작은 당시 중국 지식사회에 강한 충격을 주었다고 할 수 있다. 필자가 아는 한, 류 씨가 1980년 『독서』 7월호에 발표했던 「사르트르의 역사적 지위給薩特以歷史地位」라는 추도 에세이가 중국에서 가장 일찍 사르트르 사상의 전모를 객관적으로 소개했던 글이었다.

사르트르가 사망한 것은 1980년 4월 15일이었다. 류밍주의 글이 같은 해 『독서』 7월호에 게재되었다는 것은 당시로서는 파격적인 일이었다. 사르트르가 1955년 중국을 방문했다고는 하나 그의 이름을 모르는 사람이 중국에서는 여전히 압도적으로 많았던 때였다. 류밍주는 「사르트르의 역사적 지위」에서 사르트르의 생애와 대표적인 작품 및 그의 세계적인 영향력을 솜씨 좋게 요약해 소개하면서 사르트르 사상의 핵심에 육박했다. 실존은 본질에 선행한다든가, 인간은 우연적으로 부조리하게 실존하기 때문에 인간은 자유라는 등 사르트르의 대표적인 사상은 류밍주의 유려하기 그지없는 필체로 주도면밀하게 소개되었고, 그것은 당시 중국 독서계로서는 신선함으로 가득 찬 사상의 향연이기도 했다. 구소련 이데올로그였던 즈다노프(1896~1948)의 영향을 받았던 사람들의 눈에는 정도正道로부터 벗어난 것으로 비쳤음에 틀림없다. 스탈린의 측근으로서 서방의 사상 문화를 엄중히 비판했던 즈다노프의 사상이 당시의 중국 언론계에 여전히 강력한 영향력을 행사하고 있었기 때문이다. 이러한 사실을 염두에 두었던 류밍주는 즈다노프류의 비판을 가하려면 "마음대로 가하라"고 일축하는 동시에 중국의 연구자로서 중요한 점은 사르트르의 철학 사상을 흡수해야만 한다는 것이며, 합리적인 부분을 배워야 한다고 주장했다. 이는 오늘날의 눈으로 본다면 일견 아무것도 아닌, 극히 평범하기 짝이 없는 주장으로 들릴지 모르지만, 당시로서는 상당한 용기를 필요로 하는 발언이었다. 이처럼 '방어전'을 펼치면서 그는 사르트르 사상의 정수를 다음과 같이 평가했다.

사르트르 철학 체계의 추상적이고 난해한 개념에 의해서 두텁게 덮여 있는 베일을 벗기면, 사르트르 철학의 본질은 바로 '행동'을 강조하는 데 있다고 해도 좋을 것이다. 사르트르는 구세주, 신, 숙명이라는 개념을 그의 철학에서 철저하게 추방하고 인간의 본질, 인간의 존재 의의, 인간의 가치는 인간 자신의 행동에 의해 증명되고 결정되어야 한다고 주장했다. 따라서 중요한 것은 인간 자신의 행동인 셈이다. "인간은 자유롭다. 겁쟁이인 것은 자신이 스스로를 겁쟁이로 만들었기 때문이고, 영웅인 것은 자신이 스스로를 영웅으로 만들었기 때문이다." 이처럼 철학은 개인의 자유로운 창조성이나 주관적인 능동성을 강조하기 때문에, 당연히 숙명론보다 훨씬 더 우월한 사상이다. 이 철학은 또한 인간 존재를 이처럼 자주적인 선택과 창조로 귀결시킴에 따라서 인간 존재의 적극적인 내용을 충실하게 만들기 때문에 소극적이고 나태한 처세철학보다 훨씬 더 훌륭하다. 자주적인 선택과 창조를 인간의 본질을 결정하는 조건으로 본 것은 인간이 가치 있는 본질을 획득하기 위하여 스스로 노력하는 것에 대한 격려임과 동시에, 인생의 길을 걷고 있는 사람으로서 감사에 넘치는 격려다.[7]

류밍주는 추도 에세이의 마지막 부분에서 톨스토이가 러시아 혁명의 톨스토이임과 마찬가지로, 사르트르 역시 전 세계 프롤레타리아의 사르트르라고 결론 맺고 있다. 이와 같은 결론에서 당시 외국 사상을 소개하는 선구자들의 고충을 읽어낼 수 있을 것이다. 실제로 류밍주는 이 에세이를 발표한 직후 외국 문학 연구자가 모인 대회에서 비판을 받았다고 한다.[8] 당시 지배적인 문예 정책을 생각한다면 이러한 반응도 불가사의한 것만은 아니다. 앞서 이 책에서 언급했듯이 즈다노프의 망령은 여전히 중국의 하늘을 떠돌고 있었기 때문이다. 이처럼 즈다노프의 망령을 중국 지식사회에서 추방하기 위하여 류밍주는 꾸준히 연구를 축적하여 뒷날 다수의 독자를 확보한 『사르트르 연구』를 선보일 수 있었다고 한다.

『독서』에 사르트르를 추도하는 에세이를 발표하고 1년 뒤, 류밍주는 파리를 방문하여 사르트르의 묘지를 참배했을 뿐만 아니라, 보부아르를 만나기도 했다. 보부아르를 만났을 때 류밍주는 사르트르의 사상이나 신조에 대해서 그녀와 의견을 교환하고 귀중한 기록을 남기기도 했다. 투사, 문학가, 철학자로서의 사르트르가 지닌 가장 귀중한 가치란 무엇인가라는 류밍주의 질문에 보부아르는 다음과 같이 답변했다.

사상가로서 사르트르의 가장 중요한 가치는 자유를 주장하는 데 있습니다. 그의 생각은 다음과 같이 요약할 수 있을 것입니다. 모든 인간이 자유를 획득해야만 하고, 그럴 때만이 비로소 모든 사람이 자유를 손에 넣을 수 있다. 그렇기에 개인이 자유로워지는 것만으로는 불충분하며 타인까지 자유로워지지 않으면 안 되는 것입니다. 이는 사회의 투사로서 그가 후세에 남긴 정신적 유산입니다.[9]

보부아르는 사르트르와 카뮈의 차이점에 대해서도 다음과 같이 지적했다.

사르트르의 입장에서 본다면, 한 사람의 인간인 이상 자유를 획득하지 않으면 안 됩니다. 자유를 획득하는 동시에 타인이 자유롭지 않은 상태에 있다는 것도 자각하지 않으면 안 됩니다. 그렇기 때문에 타인이 자유를 획득하는 것을 도와야 하는 것입니다. 물론 이는 형이상학적 자유가 아니라 정치적·사회적 의미에서의 자유를 말합니다. 확실히 카뮈도 자유를 부르짖었다는 점에서는 같지만, 카뮈의 자유는 인간 자신이 요구한 추상적인 자유입니다. 그에 비해서 사르트르는 자유를 인간 자신 내부에서 분출되는 요구로 인식했을 뿐만 아니라, 동시에 구체적인 사회 환경 가운데서 눈앞의 물질적인 이익을 초월하지 않으면 안 되고, 물질적인 이익을 통해서 구현되어야 한다고 생각했던 것입니다.[10]

이 부분은 마치 사르트르와 카뮈가 벌였던 논쟁의 연장전처럼 보이기 때문에 이것이 옳은가 그른가에 대해서 필자가 판단할 입장은 아니지만, 당시 중국 독자의 프랑스 실존주의 이해를 위하여 귀중한 견해를 제공하고 있다는 것만은 단언할 수 있다.

류밍주 같은 열정적인 연구자의 소개로 사르트르는 중국 사상계에 널리 알려졌다. 특히 청년들 사이에서 열광적인 인기를 얻고 있었다. '타인은 지옥'이라는 사르트르의 명언은 많은 젊은이 사이에 유행어가 되다시피 했다. 주저인 『존재와 무』가 중국어로 번역된 것은 1980년대 중반 무렵에 이르러서였지만, 앞서 썼듯이 사르트르의 소설이나 희곡이 이미 소개되었기 때문에 그의 사상, 특히 실존주의적인 휴머니즘은 많은 젊은이의 마음을 사로잡게 되었다. 오늘날 돌이켜보면 정작 사르트르 붐을 불러일으킨 류밍주의 경우, 사르트르 사상을 반드시 정확히 파악하고 있었다고는 할 수 없지만, 기본적으로 그 사상이 지닌 적극적인 측면을 소개했다고 할 수 있다. 본격적인 연구로서는 여전히 도입 단계라고 할 수 있지만, 오히려 사상해방의 선구자로서 의미하는 바가 더욱 컸다고 할 수 있다. 문화대혁명의 동란을 막 헤쳐나오기 시작했던 중국 사상계로서 마치 신선하기 그지없는 공기를 들이마시는 듯한 효과를 가져왔다고 평가할 수 있을 것이다.

—

부조리의 철학: 사르트르의 논적 카뮈의 등장

사르트르 외에도 1980년대 전반에 비교적 일찍 소개되었던 외국 사상가 가운데 노벨문학상 수상자인 카뮈가 있다. 카뮈의 대표작은 1980년대 중반 무렵부터 몇 편 번역되었지만, 그의 사상에 대한 소개는 사르트르 소개와 거의 동시에 『독서』 등에서 이루어졌다. 사르트르의 소개와 보완적인 의미에서 당시의 시대적 분위기를 보여주고 있기 때문에 여기에 간단히 언급해두고자 한다.

오래전부터 그의 작품이 일본어로 다수 번역되었을 정도로 카뮈는 잘 알려진 프랑스 지식인이다. 카뮈라고 하면 '부조리'라는 단어가 먼저 떠오를 것이다. 카뮈가 살았던 시대와 매우 다르다고는 하더라도 이를 받아들인 중국의 토양은 논적 사르트르의 시대와 실은 같았다. 또 한 가지 흥미로운 점은 논적과 마찬가지로 최초로 소개되었던 것은 카뮈의 철학서가 아니라 그의 소설이었다는 사실이다. 필자가 아는 한, 가장 일찍 번역되었던 그의 대표작은 『페스트』였다. 문학작품이라고는 하지만 카뮈에게 소설은 그의 철학이나 사상을 표현하는 수단이었기 때문에, 『페스트』 번역에서도 카뮈 사상의 수용을 엿볼 수 있을 것이다.

당시 이 책에 대한 서평은 기본적으로는 카뮈 사상의 의의를 적극적으로 평가하는 데 맞춰져 있었다. 예를 들면 정력적으로 프랑스 문학이나 사상을 소개했던 프랑스 문학자 귀홍안郭宏安은 「카뮈의 『페스트』에 대해서」라는 서평에서, 카뮈의 부조리 철학과 사르트르의 철학이 상당히 다르다고 단언한 뒤 카뮈의 사상이 지닌 근간을 다음과 같이 설명하고 있다.

> 카뮈는 인간이 부조리라는 감각을 발견하고 획득하는 것
> 을 '각성'이라고 부르고 있다. '각성'이라는 것은 카뮈 철학
> 의 출발점일 뿐만 아니라 제1단계. 더 나아가 중요한 것
> 은 인간이 일단 이 부조리를 인식하고 자각한다면 어떻게
> 든 해결의 길을 찾지 않으면 안 된다는 것이다. 왜냐하면
> 인간은 부조리에 직면해서 그것을 받아들일 수밖에 없지
> 만, 그렇더라도 그 가운데 살아가기만 해선 안 되기 때문
> 이다. 해결의 길은 반항에 있다. 인간의 생존에 불리한 환
> 경(자연과 사회의 환경)에 반항하지 않으면 안 된다. 다만 반
> 항은 무제한적이지는 않다. 무제한 반항은 반드시 니힐리
> 즘에 빠질 수밖에 없고 또다시 부조리로 돌아갈 수밖에
> 없기 때문이다. (…) 『페스트』가 우리에게 들이밀고 있는
> 근본적인 문제는 인간은 어떻게 이 부조리한 상태로부터
> 탈출할 수 있는가다.[11]

위와 같은 카뮈의 철학은 줄곧 유물변증법으로 교육받고 있던
25년 전의 중국 독자들에게는 마치 청천벽력처럼 들렸을 것이다.

그러나 한편, 수많은 부조리를 경험해온 사람들로서는 카뮈의 철학을 읽고 마음을 달랬음에 틀림없다. 이는 카뮈가 악의 존재와 악이 지니고 있는 영원히 사라지지 않는 특징을 인정하고 있으며, 명석한 이성과 행동의 원칙에 따라서 그것과 싸울 수 있을 뿐만 아니라, 악을 이길 수 있다고 주장하고 있기 때문이다. 또한 인류는 악에 맞서 승리할 수 있지만 영원히 그 성과 위에 두 다리를 뻗고 있어서는 안 된다고도 말하고 있다.[12] 이러한 카뮈의 사상은 문화대혁명이라는 악몽에서 아직 완전히 깨어나지 않은 중국 지식인들에게 세계나 사물을 바라보는 전혀 다른 관점을 제시했다고 할 수 있다.

　여기에 소개하고 있는 중국을 대표하는 두 프랑스 문학 연구자의 사르트르·카뮈 연구나 평가를 돌아보면, 본격적인 철학 사상의 소개라기보다는 문학을 통한 사상의 소개라는 느낌이 강하게 든다. 좀더 본격적인 사상 계몽의 효시라고 자리매김할 수 있는 작업이다. 그들이 받은 비판 등을 통해서 당시 중국 사상계의 정세도 어느 정도 읽을 수 있을 것이다. 본격적인 사상해방 운동이 한꺼번에 각광을 받게 되기까지는 어느 정도 시간이 걸렸지만, 비약에 대한 에너지는 경제 개혁 등과 연동되어 있는 형태로 조금씩 조금씩 지속적으로 축적되었던 것이다.

오늘의 중국에서 가장 활발한 활약을 하고 있는 문예평론가의 한 사람이자, 1980년대를 경험한 학자이기도 한 추이헝핑崔衡平은 몇 년 전 프랑스의 『리베라시옹』에 기고했던 「사르트르와 중국」이라는 짧은 글에서 "사르트르의 반反권위적인 태도는 중국의 젊은이들 사이에서 순식간에 공명을 불러일으켰다. 순종적일 것을 교육받았던 환경에서 사르트르는 불복종의 상징과 사상의 상징으로 간주되었고, 동질화하는 문화적 분위기 속에서 사르트르는 이질적인 시야나 경험을 제공하여, 이루 헤아릴 수 없는 젊은이들을 계몽시켰다"라고 썼다.[13] 필자가 보기에 이는 사르트르뿐만 아니라, 카뮈를 포함한 이 시기 외국 사상 문화의 수용에 대한 가장 정확한 평가일 것이다.

막스 베버의 재발견

: 「출토문물」의 운명

—

『프로테스탄트 윤리와 자본주의 정신』과 근대를 둘러싼 치열한 문제 제기

독일 사회학자 막스 베버는 생전 바이마르 공화국에서 가장 영향력 있는 지식인 가운데 한 사람이었음에도 타계 뒤 오랫동안 망각되었던 사상가다. 훗날 미국 사회학자 파슨스가 『프로테스탄트 윤리와 자본주의 정신』을 영어로 번역했는데, 이를 계기로 활발히 소개됨으로써 이른바 '베버 르네상스'가 일어났다. 중국에서도 경위는 다르지만 그와 유사한 '베버 르네상스'가 있었다. 이는 앞서 서술한 문화 붐의 시대에 시작되었다.

제2차 세계대전 전에 베버의 『일반 사회경제사 강요』의 중국어 번역이 유서 깊은 출판사인 상우인서관商務印書館에서 출간되었지만, 그 후 정치적 격동기가 계속되었기 때문에 베버에 관한 정리된 연구는 거의 없었고, 국공내전國共內戰이 종결된 1949년 이후에도 커다란 진전을 볼 수 없었다. 부르주아 계급의 학문이라는 이유에서 사회학 분야 자체가 중국의 대학사회에서 일제히 그 모습을 감추고 말았던 것이다. 니체와 아울러서 마르크스의 중요성을 매우 높이 평가했음에도 부르주아 학문의 수장이라는 평을 들었던 베버는 오랫동안 무시되었고, 그 이름조차 거의 망각 상태에 놓여 있었다. 문혁이 종료된 뒤 1981년 출판된 『일반 사회경제사 강요』는 1949년 이후 중국 본토에서 출간된 최초의 베버 번역이었다. '혁명'이나 '계급투쟁'에만 몰두했던 중국이 세계 학계에 비해서 얼마나 뒤떨어졌는가를 여실히 말해주는 사례라고 할 수 있다. 구미의 베버 르네상스 가운데 '독일 제국의 출토 문물'이라고 불렸던 베버는 중국에서도 완전히 동일하게 '출토 문물'과 같은 운명을 걷게 되었다.

문화 붐이 계속된 4년 동안, 베버가 남긴 두 가지 유명한 강연, 즉 『직업으로서의 정치』와 『직업으로서의 학문』, 그리고 『프로테스탄트 윤리와 자본주의 정신』등이 번역되어 많은 독자가 애독했다. 특히『프로테스탄트 윤리와 자본주의 정신』은 짧은 기간 두 가지 번역본이 나왔을 정도다. 당시 중국 독자들의 관심이 얼마나 높았는가를 알 수 있다. 이는 베버의 문제의식이 중국 독자의 관심 영역과 비슷했던 데가 있었기 때문일 것이다. 즉 근대화와 자본주의의 문제다. 조금 덧붙이자면 베버의 저작 가운데는 유럽 중국 연구자의 연구 성과에 의거해 집필한『유교와 도교』도 있었을 뿐만 아니라, 그 밖에도 중국 문명에 대한 면도날처럼 예리한 지적도 다수 남긴 바 있다. 이 점 역시 중국 학자나 일반 독자가 베버에게 친근감을 느낀 하나의 이유가 될 것이다.

중국 학계에서는 어째서 중국은 자본주의를 만들어내지 못했는가라는 문제를 둘러싸고 오늘날까지도 몇 차례나 논쟁이 계속되고 있다. 명말明末에 쑤저우蘇州 등 경제가 발전한 지역에 자본주의 경제가 싹을 틔웠다고 주장하는 사람도 있지만, 반대로 전혀 존재하지 않았다고 하는 사람조차 있다. 베버가 해금된 뒤 왜 서구에서만 근대적 자본주의가 탄생해서 발전했는가라는 강한 관심 속에서 많은 중국학자가 베버의 학문에 재빨리 주목하기 시작했다. 이러한 시대적 변화 가운데 학계의 움직임에 민감한『독서』편집부는 1985년 당시 중국에서 베버의 학문을 가장 잘 알고 있는 몇 명의 연구자를 초청하여 베버에 관한 좌담회를 개최했다. 이 좌담회 내용을 다시 읽어보면 당시 중국 학자가 베버의 사상 가운데 무엇에 관심을 갖고 있었던가를 알 수 있다.

이 좌담회에서 가장 주목받은 것은 『프로테스탄트 윤리와 자본주의 정신』이었다. 베버가 이 책에서 거론한 문제는 중국으로서는 비극적이라고밖에 할 수 없는 근대화와 밀접한 관련을 맺고 있기 때문이다. 근대 문명의 수많은 성과, 오늘날 세계를 움직이는 여러 원리 등 이들을 만들어낸 것은 다름 아닌 근대 서구였다. 왜 이렇게 되었을까. 이것이 베버에 대해 깊은 흥미를 갖게 한 과제였다는 것은 두말할 나위가 없는데, 바로 이러한 문제 관심이 1980년대부터 중국 학자들의 마음을 사로잡은 것이다. 오랜 기간 사적 유물론밖에 알지 못했던 사람들로서는 마르크스를 존경하면서도 마르크스와는 다른 시각과 다른 방법론으로 자본주의와 서양 문명을 연구했던 베버의 사상이 매우 신선하고 자극적이라고 생각했음에 틀림없다. 더욱이 베버는 중국 문명의 문제점에 대해서 직접적으로 언급한 저작을 남겼기 때문에 지적 관심을 한층 더 자아냈고, 충격을 더욱 크게 미쳤던 것이다.

근대화와 전통문화

사적 유물론史的唯物論에 따르면 상부 구조를 결정하는 것은 하부 구조이고 생산관계를 결정하는 것은 생산력이다. 그러나 베버는 종교 등의 정신이 지닌 힘을 매우 중요시했던 사상가였다. 그는 『프로테스탄트 윤리와 자본주의 정신』에서 프로테스탄티즘, 특히 칼뱅주의Calvinism가 자본주의의 발전에 중요한 역할을 했다고 밝히고 있다. 물론 오직 프로테스탄티즘만이 자본주의를 탄생시킨 필수 조건은 아니었다. 그 밖에도 로마법까지 소급되는 서양의 근대적인 법률이나 과학기술의 발전, 능률 높은 관료제도 및 자유로운 노동력의 존재 등도 불가결한 조건이라고 베버는 지적하고 있다. 우리는 이 책을 통해 나날의 세속적인 일, 즉 돈벌이를 통해서 자신의 사명을 다한다고 생각한 프로테스탄트의 존재에 주목할 수 있게 되었고, 프로테스탄티즘이 자본주의 발전에 끼친 영향력을 읽을 수 있다. 간단히 말하자면 이것이 『프로테스탄트 윤리와 자본주의 정신』에서 베버가 확립한 학설의 핵심이라고 할 수 있다. 이러한 베버의 자본주의 발생 원인론을 읽고 있노라면 중국 학계가 이 책에 큰 매력을 느꼈던 동시에 또한 심상치 않은 곤혹감을 겪었던 것도 무리가 아니었음을 알게 된다. 프로테스탄트 윤리라는 전통이 없는 중국은 과연 어떻게 될 것인가라는 문제가 자연히 떠오르기 때문이다. 이것은 『독서』 편집부가 좌담회에 초청한 연구자들이 지녔던 공통의 관심사이기도 했다.

『프로테스탄트 윤리와 자본주의 정신』을 중국어로 번역한 학자 가운데 한 사람은 이 저작을 두고서, 모든 중대한 역사적 변화의 배후에는 눈에 보이지 않는 정신이 지닌 힘이 잠재해 있고 이 정신이 지닌 힘은 역사적 대변화가 생겨난 사회 문화의 기초와 밀접히 관련되어 있다고 하는 것이 베버가 생각했던 바라고 지적하고 있다.[14] 이를 중국의 문맥에서 파악하자면 중국의 근대화를 실현하기 위해서 그에 상응하는 새로운 정신을 만들어낼 수 있는가라는 문제로 이어진다. 만약 그 답이 '아니오'라고 한다면 다른 문화전통의 민족은 서구와 마찬가지로 생산력을 만들어낼 수 있는가 등의 문제도 생각하지 않으면 안 된다. 베버의 고찰은 무엇보다도 서구와 미국의 발전을 시야에 넣고 생각한 것이고 중국 토양에 그대로 적응시키는 것은 무리이기 때문이다. 그러나 근대화와 전통문화의 관계 등을 고찰할 때, 커다란 시사점을 줄 수 있는 저작이라는 점에 대해서는 좌담회 참석자들 모두 공통되게 인정하고 있었다.

『유교와 도교』를 어떻게 반박할 것인가

좌담에 참가한 학자들이 관심을 두었던 베버의 또 하나의 대표작은 『유교와 도교』였다. 베버가 직접 중국어를 읽을 수 없었기 때문에 이 책은 일부 전문가에게 비판을 받기도 했지만 실은 많은 중국 학자에게 공명을 불러일으켰던 저작이다. 이는 베버와 마찬가지로 중국어 문헌을 읽을 수 없었지만 『역사철학강의』 속에서 중국 문명을 논했던 헤겔과 유사한 부분이 있다. 지식사회학으로 유명한 사회학자 카를 만하임도 지적하고 있듯이 베버의 동서 문명 비교 연구는 자본주의가 서구에서 가장 일찍 탄생한 데 비해왜 다른 지역은 그렇지 못했는가라는 중요한 문제의식으로 일관하고 있다. 베버는 중국이 근대 자본주의를 탄생시킬 사회적 기초를 결여하고 있다고 보고 그 가운데에서도 특히 방해가 된 것은 유교라고 결론짓고 있다.

5·4운동이 한창이던 무렵의 중국에서 유교는 천두슈나 루쉰 등 당시 계몽사상가들에게 가장 많은 비판의 화살을 받은 중국의 전통 사상이었다. 근대에 접어든 이후, 중국은 왜 구미에 크게 뒤질 수밖에 없었는가를 따지면서 그 원인 중 하나가 유교에 있다고 생각한 중국 학자는 25년 전에도 실은 매우 많았다. 그러나

1960년대 이후 일본, 한국, 싱가포르, 타이완 등 정도는 서로 다르지만 유교의 영향을 받은 국가나 지역에서 자본주의가 신속하게 발전했고 세계 경제에 미치는 영향력도 상당이 커졌다는 점을 받아들이면, 베버의 자본주의 발전 원인론을 놓고 '이것이 과연 올바른가'라는 새로운 논쟁이 시작된 것을 알 수 있다. 바꾸어 말하면 베버가 논하고 있듯이 유교는 과연 자본주의를 저지했는가, 라는 것은 많은 중국 학자로서는 그냥 지나칠 수 없는 절실한 문제 제기였던 것이다.

필자가 아는 한 중국 내의 학자 가운데 당시 베버의 중국 문명 비판, 특히 그 유교 비판에 공감하는 사람은 많았다. 예를 들면 앞서 1981년에 출판된 『일반 사회경제사 강요』의 새로운 번역에 대한 서평을 보면 베버의 사상으로부터 배워야 한다는 자세를 엿볼 수 있다.[15] 이러한 입장에 선 학자는 중국처럼 법률을 대신하여 도덕으로 통치하는 전통이 유구한 나라에서는 제도의 변혁을 중시해야 한다고 강조했다. 이를 위해서는 이미 시작된 경제 개혁을 계속 추진해야 할 뿐만 아니라, 철저한 정치체제의 개혁도 수반해야 한다고 주장했다. 구체적으로 말하면 국민의 권리를 지키는 연장선에서 본격적이면서 효율적인 법률 체계와 상호 확인이 이루어질 수 있는 정치체제를 만들어야 한다는 의견이었다.

이럴 때야 비로소 중국은 전통적인 사회를 벗어나서 근대사회로 이행할 수 있기 때문이다. 이러한 개혁을 함과 동시에 적극적이면서 진취적인 기풍 등 전통문화의 정신적인 자원을 끌어내서 베버가 착안했던 프로테스탄티즘에 상응하며, 근대적인 발전에 도움이 될 수 있는 새로운 멘털리티의 수립도 지향해야 한다고 제창하고 있다. 이처럼 베버의 사상을 이용하여 중국이 직면한 정치·경제 문제를 사고하는 자세는 단편적이라는 비난을 피할 수 없을지 모르지만, 그 용기나 지적 성실성만큼은 높이 평가받아야 할 것이다.

유교는 자본주의를 촉진하지 않았을 뿐만 아니라 오히려 방해물이었다는 베버의 결론에 대한 반론으로는 프린스턴대 명예교수인 위잉스余英時(1930~)의 관점이 대표적이다.『중국 근세 종교 윤리와 상인정신』[16]이라는 긴 논문에서, 그는 베버에 대하여 면밀한 반격을 펼치고 있다. 이 논문은 문화 붐이 한창이었던 1987년에 다른 몇 편의 논문과 함께『사대부와 중국 문화』라는 제목으로 '중국문화총서'에 편입되었다. 1950년대에 중국 대륙을 떠나 훗날 미국에서 학문적 대성을 이룩했던 위잉스에게 이 책은 자신의 모국에서 출판된 최초의 저작이었다. 그는 이 시기부터 중국 대륙에서도 큰 영향력을 갖게 되었고, '문화 중국'의 중요한 학자로서 오늘날까지 활발한 저작활동을 계속하고 있다.

위잉스의 이 논문은 어떤 의미에서는 중국의 전통 사상, 특히 유교에 씌워진 오명을 회복하기 위해 집필되었다고 할 수 있다. 유교나 불교의 전통 사상, 특히 유교가 상업의 발전을 가로막았다고 하는 베버 식의 문제 제기에 대해서, 그는 '백장청규百丈淸規'와 같은 선종을 포함한 중국의 사료를 다수 인용하면서 반론을 전개하고 있다. 베버는 중국 전문가가 아니기 때문에 이 점에 대해서 특별히 추궁할 필요가 없다고 단언한 뒤, 위잉스는 결론적으로 베버의 논지에 정면으로 맞서서 반론을 펼쳤다. 예를 들면 유교 역시 근면이나 검약정신 등을 칭찬하고 있다는 점에서는 프로테스탄트의 윤리와 다르지 않고 오히려 기본적으로 일치하고 있다고 지적한다. 그뿐만 아니라 북송北宋 이후 나타난 새로운 유교 역시 프로테스탄티즘과 마찬가지로 시간을 낭비하는 것을 최악의 범죄로 보았다고 하는 등 구체적인 사실을 『주자어류』등의 명저나 수많은 문집에서 증거를 인용하며 설명하고 있다. 베버의 잘못은 지엽말단의 사실에 대한 오해가 아니라 전면적이고 기본적인 판단을 잘못 내린 데서 기인한다고 위잉스는 혹독한 비판을 가한다. 좀더 구체적으로 말하자면 베버는 『유교와 도교』 가운데 중국의 상인이 불성실할 뿐만 아니라, 서로 신용하지 않는다고 서술하면서, 이는 프로테스탄트와는 매우 대조적이라고 단언했다. 이에 반해 위잉스는 사에키 도미佐伯富 등 일본의 유명한 중국사 연구자의 논문을 인용하면서, '진상晉商'(산시山西 성 출신의 상인)이 "성誠" "실實" "속이지 않음" 등을 금과옥조로 삼았다는 사실에 입각하여 베버에 대해 정면으로 이의를 제기했다.

어째서 베버는 중국 상인에 대해서 이처럼 오해했던 것일까. 위잉스의 입장에서 보자면, 이는 베버가 중국의 가치 시스템을 근본적으로 잘못 이해했기 때문이다. 즉 베버의 입장에서 볼 때는 중국에는 내재적 가치의 핵심이 결여되어 있고("absence of an inward core"), 중심이 되는 자주적인 가치관("central and autonomous value position")도 존재하지 않았기에 이와 같은 결론에 도달했던 것이다. 바꾸어 말하자면 베버의 생각으로는 중국에는 기독교의 신과 같은 초월적인 신앙이 없기 때문에 근대적인 자본주의도 생겨나지 않았던 셈이 된다.[17]

이처럼 베버의 논의에 대해 대대적으로 비판했던 위잉스였지만, 일단 어떠한 원인으로 중국에 근대적인 자본주의가 생겨나지 않았는가라는 문제 제기 자체만큼은 매우 중요했다는 것을 그 역시 인정하고 있다. 위잉스는 중국의 전통적인 전제정치가 상업 발전을 방해했다며 논문의 마지막 부분에서 지적하고 있고, 전제

정치의 관료 시스템이 중국 전통사회 구석구석까지 침투하여 모든 것을 통제했기 때문에, 이를 도저히 상인의 힘만으로는 돌파해나갈 수 없었다고 결론짓고 있다.

이상으로 위잉스의 반론을 간단히 소개했지만, 필자의 생각으로는 베버 학설의 중요한 점에 대한 완전한 반론이라고는 할 수 없을 것 같다. 유교 등의 중국 전통 사상은 확실히 반反상업적이라고는 할 수 없고 오히려 상업을 촉진하는 측면도 지니고 있었다. 성실, 신용, 근면, 검약 등은 중국적 가치관 가운데에서도 계속 그 중요성이 강조됐던 덕목들이다. 예를 들면 최근 중국에서는 '유상儒商'이라는 단어가 자주 사용되는데, 장사할 때 유교의 가르침을 실천하는 상인을 말한다. 그러나 이와 같은 유교의 촉진적인 역할이 있었음에도 불구하고 결국 중국에는 근대적인 자본주의가 생겨나지 않았다는 사실은 아무리 풍부한 사료를 인용하더라도 부인할 수 없는 엄연한 사실이다.

앤서니 기든스가 『프로테스탄트 윤리와 자본주의 정신』 영어판 서문에 적었듯이, 베버에 대해 본격적인 반론을 펼치려면 그와 동일한 스케일에서 작업이 이루어지지 않으면 안 된다. 실제 오늘날 누구도 그러한 형태로 베버의 작업에 도전할 수 없다고 기든스는 적고 있다.[18] 기든스가 서문을 쓴 것은 그가 아직 소장학자였던 1970년대의 일이지만 그 이후 오늘날까지 베버와 같은 스케일에서 이 문제를 추구하는 학자가 있다는 말을, 과문한 탓인지, 필자는 들어본 적이 없다.

여기에서 지적하고자 하는 또 하나의 문제는 유교는 결코 단순한 사상이 아니라는 사실이다. 유구한 중국사 가운데 유교 역시 여러 차례 변모를 거듭해왔다. 유교 내부에서 다양한 논쟁이 이루어졌고 주류와 이단 사이에 서로 비판이 오갔다. 오랜 역사를 거쳐 형성된 사상 문화이기 때문에 그 가치관 가운데는 오늘날에도 여전히 통용될 수 있는 것이 있으리란 점은 분명하다. 최근 중국에서는 『논어』를 알기 쉽게 설명한 책이 자그마치 수백만 부나 팔리고 있는 것을 생각해보면 그 생명력에 감탄하지 않을 수 없다. 유교, 도교, 불교의 세 가지 사상이 중국 사상의 중추를 형성해왔다고 하지만, 이 세 사상 가운데 절대적인 우위를 점해왔던 것은 다름 아닌 유교였다. 원래 제자백가 가운데 일가一家에 지나지 않았던 유교가 한 무제漢武帝 이후 국가의 통치 사상이 되었고, 그로부터 역대 왕조의 정치철학과 같은 지위를 차지한 근본적인 이유는 무엇일까. 역시 전제정치에 꼭 알맞은 사상이라는 측면이 있기 때문에 채용된 것은 아닐까. 이 사상이 한 무제 이후 중국을 기본적으로 규정해왔기 때문에 중국 문명의 부정적인 유산을 생각할 때 그 책임 역시 결코 가볍지 않을 것이다. 이러한 의미에서 베버는 중국 사상사나 문화사의 전문가는 아니었다고 하더라도, 그의 지적은 오늘날까지도 간과할 수 없는 의미와 중요성을 지닌다고 필자는 생각한다. 비록 베버가 서구중심주의자였다고 하더라도 말이다.

이채를 띤 현대 독일 철학

니체: 오명의 회복

다이쇼大正 시대(1912~1926)에 이미 니체의 전집을 번역했던 일본과 비교할 때, 중국의 니체 수용은 매우 지체된 것이 사실이다. 니체의 번역은 몇 가지가 나와 있지만 현대에 들어와서도 아직까지 니체 저작집의 중국어 번역은 완성되지 않았다. 다만 중국 철학계와 독일 문학계를 대표하는 학자가 최근 새로운 『니체 전집』을 번역하고 있고, 여기에는 『니체 주소집注疏集』이라는 훈고학을 연상시키는 제목이 붙어 있다.

원래 니체는 중국 사상계와 인연이 매우 깊은 철학자로, 청말 20세기 초반에 이미 나이토 고난內藤湖南 등의 일본 학자와도 교류가 있었던 대학자 왕궈웨이王國維에 의해서 소개된 바 있다. 1949년까지 왕궈웨이, 량치차오梁啓超, 루쉰뿐만 아니라 다른 많은 유명한 학자나 문인이 니체의 사상을 소개해서 높이 평가했지만, 1949년 이후 중국은 25년 이상 니체를 '반동 사상가'라며 계속 비판의 대상으로 삼았기 때문에, 그에 대해서 연구한다는 것은 기본적으로 있을 수 없는 일이었다.

1980년대 중반부터 중국 사회 전체가 개혁개방 시대에 전면적으로 돌입했던 까닭에 본격적으로 니체 연구서가 세상에 그 모습을 드러내기 시작했다. 그것은 문화 붐 가운데 두각을 드러낸 신진 학자의 한 사람이자, 참신하기 그지없는 니체 연구로 일약 유명해진 저우궈핑周國平(1949~)19이 썼던『세기 전환점에서의 니체』다. 저자는 독일어 원전을 꼼꼼히 읽은 뒤 지금까지의 경직된 이데올로기로 왜곡된 니체 이미지를 쇄신하고 현대 사상에 큰 영향력을 발휘한 탁월한 철학자로 평가를 시도했다. 그 가운데 건전한 생명의 본능과 초월적인 정신의 추구를 키워드로 하여, 인생론 철학자로서의 니체가 지닌 측면을 강조하고 있다. 당시 오랜 기간 외부와 단절되어 있던 중국 학계나 독자들에게 니체 철학에 대한 훌륭한 지침서 역할을 수행했다고 할 수 있다. 초판이 발간된 지 9개월 만에 4쇄를 찍어서 합계 9만 부나 팔렸다고 한다. 그 후에도 오랫동안 읽혀서 출판 20주년을 기념한 신장판이 나오기도 했다. 마찬가지로 저우궈핑이 번역한 『비극의 탄생』은 '현대 서양 학술문고'(싼롄서점) 가운데 한 권으로 출간되어 10만 부나 팔리기도 했다. 이는 당시 중국 독자들이 외국 사상이나 학문에 얼마나 굶주려 있었는가를 여실히 말해준다.

거의 같은 시기에 몇 권의 다른 니체 관련 서적도 출판되었다. 예를 들면 니체와 동시대인으로서 그를 가장 일찍 평가했던 극히 소수의 학자 가운데 한 사람인 덴마크의 문예평론가 게오르크 브란데스Georg Brandes가 쓴 『프리드리히 니체』의 중국어역이나, 타이완에서 중국 대륙으로 건너온 철학자 천구잉陳鼓應이 쓴 『비극의 철학자 니체』(소개와 대표작에 관한 부분 번역을 포함) 및 저우궈핑이 번역한 『니체 시집』이 있다. 잠시나마 니체 붐이 일어났다고 할 수 있을 것이다.

일정 시기까지는 반동적인 사상가로서 혹독한 비판을 받았음에도 왜 1980년대 중반에 접어들어서는 학자나 일반 독자들이 니체에 강한 관심을 보였을까. 필자가 보기에 경제 발전이 진전됨에 따라 문화대혁명에서 교훈을 얻은 정치권이 학문이나 사상에 대한 간섭을 상당히 줄여나간 것도 중요한 원인이겠지만, 사상 측면에서 볼 때는 루쉰이 니체에게 비상할 정도로 강하게 이끌렸던 점도 상당히 고려해야 할 것이다. 청년 루쉰은 일본 유학 중에 의학에 뜻을 두고 독일어를 배웠지만, 국민의 정신을 개조하기 위해서는 문학이 훨씬 더 중요하다고 자각했던 것을 계기로 작가로 급선회했다. 전공을 바꾸었던 그는 펜을 무기로 하여 니체 철학을 비롯한 여러 외국 사상을 탐욕스럽게 흡수하면서 자신의 사상을 형성해나갔다. 유럽 문명이나 기독교에 대한 니체의 비판은 오랜 문명이 붕괴한 뒤 새로운 문명을 만들려고 했던 중국 지식인에게 매우 매력적인 사상으로 환영을 받았다. 초인 사상이 루쉰의 마음을 사로잡은 것은 아편전쟁 이후 쇠약해져만 갔던 중국의 국운이 그 배경에 있었기 때문일 것이다. 강한 개인이나 위대한 영웅의 탄생을 호소하는 니체의 사상은 아직 잠든 채 깨어나지 않고 있는 국민을 어떻게 하면 강건한 인간으로 개조할 것인가를 모색하고 있던 루쉰에게는 마침 꼭 알맞은 정신의 무기였음에 틀림없다. 이를 동포에게 전달하기 위하여 그는 직접 니체의 저작을 일부 번역했을 뿐만 아니라, 그 자신이 직접 갈 수 없었던 독일에서 유학하고 있던 제자 쉬판청徐梵澄(1909~2000)에게 『차라투스트라는 이렇게 말했다』를 번역할 것을 추천하기도 했다. 흥미로운 사실은 루쉰의 추천으로 번역된 『차라투스트라는 이렇게 말했다』가 반세기 후 같은 상우인서관에서 『한역세계학술명저총서漢譯世界學術名著叢書』의 한 권으로 복간되었다는 점이다.

양학洋學뿐만 아니라 독일학에도 깊은 조예를 지녔던 쉬판청이 1986년에 썼던 『차라투스트라는 이렇게 말했다』의 개정번역판 서문은 전면적으로 '니체의 오명 회복'을 시도한 역작이다. 그의 글은, 니체가 차라투스트라라는 조로아스터교의 개조開祖를 주인공으로 선택했음에도 불구하고, 실제로는 동양을 잘 알지 못했다는 점 등 니체가 지닌 '문제점'을 약간 지적하고 있긴 하지만 기본적으로 니체 철학의 획기적인 의의를 유럽 사상사의 문맥에 따라 소개하고 있다. 예를 들면 그 무렵만 하더라도 니체를 반동파라고 매도하는 논객이 있었다는 점을 염두에 두고, 독일 사회주의자가 니체의 사상을 별로 나쁘게 평가하지 않았다는 것을 이유로 니체를 반反사회주의자라고 보는 것은 반드시 옳다고만은 할 수 없다고 이의를 제기했다. 또한 니체가 개인주의를 부르짖었다는 비판과 관련해서는, 그가 제창한 개인주의는 인생의 사명을 다하는 영웅을 노래한 것이고, 결코 사리사욕만을 추구하는 나쁜 개인주의가 아니라고 반론했다.

니체에 대한 수많은 비판에 대해 역사적 사실을 거론하면서 니체를 위한 변론을 진행했던 쉬판청은 구래舊來의 모든 가치관을 다시 평가해야 한다고 주장한 니체야말로 시대의 선구자라고 칭송했다.『차라투스트라는 이렇게 말했다』는 니체가 자기 자신의 니힐리즘을 극복한 뒤에 집필한 저작이고, 여기서 부르짖은 초인 정신은 루쉰을 비롯한 많은 중국 지식인을 감동시키며 격려했다. 스승인 루쉰에게 의뢰를 받아 경애해 마지않는 니체의 주저 번역본을 반세기 만에 재출간했던 쉬판청도 중국의 새로운 독자들에게 이러한 니힐리즘을 일종의 숭고한 정신으로서 전달하려고 생각했다. 실제 앞서『니체 시집』을 번역한 저우궈핑 역시 노대가인 쉬판청과 마찬가지로 니체가 부르짖은 파우스트적인 개인의 자기실현을 추구하는 위대한 개인주의를 높이 평가하면서 니체의 작품을 읽는 의의를 강조했다. 똑같은 틀에서 찍어낸 듯한 왕조가 계속해서 이어졌던 역사 가운데 개인의 가치를 중시하는 전통이 원래부터 약했을 뿐만 아니라, 개인주의라고 하면 바로 사리사욕을 추구하는 가치관이 연상되는 중국의 풍토를 생각해보면 확실히 니체가 제창한 영웅적 개인주의가 중국에 매우 필요했다고 해야 할 것이다.

쉬판청이 지적하듯이 탁월한 고전학자이기도 했던 니체는 고전 그리스의 사상이나 문예로부터 강하게 영향을 받았기 때문에 고대 그리스에서 유래하는 사상으로 근대 유럽 문명이나 기독교를 통렬하게 비판할 수 있었다. 국민정신 개조라는 사명을 루쉰에게서 물려받은 쉬판청의 입장에서 보자면, 니체 사상을 중국 사상에 끌어들이는 것은 쇠약해진 자국의 문명을 재창조하는 계기로 간주될 수 있었다.[20] 이 중국 문명의 재건에 즈음하여 쉬판청은 니체가 서양인뿐만 아니라 동양인의 정신적 스승도 될 수 있다며 그 중요한 의의를 설파했다. 이처럼 니체를 통하여 5·4운동 때의 계몽사상가와 1980년대의 새로운 계몽 시대의 지식인이 연결되었다.

니체에 관한 좀더 본격적인 번역이나 연구는 1980년대에는 실현되지 않았지만 21세기 들어서 다수 출판되었고, 다면적인 니체도 소개되었다. 질 높은 번역도 여러 권 출간되었기 때문에 '중국어를 말하는' 니체가 늘어나게 되었다. 중국의 새로운 문화를 만들기 위하여 중요한 사상 자원, 귀중한 자극으로서 니체는 그 매력을 전혀 잃지 않은 채 착실히 중국 사상 가운데 스며들고 있었다.

최고의 인기 철학자가 된 카시러

니체의 '오명 회복'을 전후로 해서 중국 독자들이 환영한 것은 예상외로 하이데거의 『존재와 시간』도 아니고, 창간 직후 『독서』에 소개되었던 사르트르의 『존재와 무』도 아니었다. 그것은 다름 아닌 하이데거의 논적이기도 했던 에른스트 카시러의 『인간』[21]이었다. 소장학자인 간양甘陽에 의해 번역된 『인간』은 외국문학 등의 출판으로 유명한 상하이역문출판사上海譯文出版社에서 출간되었는데, 1년 만에 24만 부나 인쇄되어서 그해 중국에서 가장 많이 팔린 책이 되었다.[22] 요즘도 그 개정판을 서점에서 쉽게 찾아볼 수 있을 정도로 사상계의 서적으로는 이례적으로 베스트셀러가 되었다. 카시러가 지하에서 이 사실을 알았다면 틀림없이 매우 놀랐을 것이다.

카시러의 사상을 잘 요약한 『인간』이라는 저작이 어째서 중국에서 많이 팔렸을까. 번역자에 따르면, 독자들이 카시러의 사상에 공명했다기보다 오히려 책 제목에 더 많이 끌렸기 때문이다. 앞서 언급했듯이 1980년대 전반 중국 사상계의 핫이슈는 문화대혁명에 대한 비판으로 주목받았던 휴머니즘이었다. 즉 『인간』이라는 제목을 보고 많은 독자가 휴머니즘을 논한 책일 것이라고 생각했기 때문에 경이적인 판매고를 올릴 수 있었다. 이 점도 쇄국 상태에서 막 해방되기 시작한 중국 독자들이 얼마나 '사상'에 굶주려왔던가를 잘 이야기해주고 있다. 여담이지만 당시 대학에 입학하기 직전의 필자도 이렇게 착각을 했던 한 사람으로, 내 자신이 한 권 구입한 것은 물론이고 고교 동창에게 추천한 적도 있다. 물론 유감스럽게도 당시의 나로서는 이 책을 거의 이해할 수 없었지만 말이다.

간양에게 『인간』 번역을 추천한 사람은 그를 포함한 젊은 연구자를 가르쳤던 베이징대 외국철학연구소 소장이자 오스트리아 빈학파의 유일한 중국인 멤버 홍첸洪謙(1909~1992)이었다.[23] 상하이역문출판사가 1980년에 『21세기서방철학번역총서二十一世紀西方哲學譯叢』를 출판하기 위해 홍첸에게 자문을 구했을 때 그가 『인간』의 간행을 추천했다. 홍첸은 자신의 선생이자 빈학파의 리더이기도 한 슐리크Friedrich A. M. Schlick의 자택에서 카시러나 하이젠베르크, 그리고 빈학파의 사상을 영국에 소개하기도 한 에이어Ayer 등과 만났다.[24] 카시러는 슐리크가 존경하던 철학자였기 때문에 카시러의 사상을 체현하고 있는 『인간』의 번역을 자신이 기대를 걸고 있던 젊은 학자에게 부탁한 것이리라.

이러한 흐름을 보면서 주목해야 할 것은 간양과 같은 젊은 철학자가 갑자기 나타난 것은 결코 아니라는 점이다. 훙첸처럼 그 자신이 현대 철학세계의 한 구성원이었던 인물이 배경에 존재하고 있었던 것이다.

훙첸은 은사가 죽은 뒤 중국으로 돌아와 정력적으로 논리실증주의 연구를 전개했고, 슐리크를 비롯한 빈학파의 철학을 중국 학계에 소개했다. 1949년 이후에는 이러한 연구를 거의 진행할 수 없었기 때문에 서양 철학 소개에 주력하고 고전 그리스, 로마 시대의 철학에서 19세기의 독일 관념론까지의 앤솔러지를 번역하고, 당시 쇄국 상태에 있던 중국 학계를 위하여 신뢰할 수 있는 기본 자료를 제공했다. 문화대혁명 중에는 마하가 레닌에게 비판받았다는 이유로 마하의 저작을 번역할 것을 요구받았기 때문에, 훙첸은 동료와 함께 마하의 『감각의 분석』을 중국어로 번역하여 출간하기도 했다.

1949년 이후 중국의 지식인은 '사상 개조'를 요구받았다. 즉 마르크스주의와 일치하지 않는 사고는 개조되지 않으면 안 되었다. 이런 분위기에서 스스로의 사상 신조를 자아비판하는 사람이 많았지만, 훙첸은 '사상 개조'를 거부한 극소수 지식인 가운데 한 사람이었다. 그는 평생 논리실증주의 학도로서의 자부심을 지켜냈던 것이다.

간양은 훙첸에 대한 추도 에세이에서 그를 신설된 외국철학연구소 소장으로 임명했던 사람이 바로 마오쩌둥이라는 것을 밝히고 있다. 필자가 아는 한, 마오쩌둥이 서양 철학에 식견이 없었던 것도 아니고, 훙첸이 공산당 주도의 '사상 개조'를 거부했던 것도 몰랐을 리가 없다. 이러한 점에 입각해 돌이켜보면, 이는 상당히 특필할 만한 가치가 있는 사건이라고 할 수 있다. 문혁이 종료된 이후, 다름 아닌 이 외국철학연구소에서 훙첸은 장구한 세월의 비바람을 이겨내고 탁월한 학자들과 함께 현재의 중국 서양 철학 연구의 중견을 육성했던 것이다. 1949년 중단되었다고 생각했던 학문 전통이 개혁개방 덕분에 이 시기에 훌륭하게 부활했다. 1980년대의 문화 붐은 결코 청년만의 운동이 아니라 노익장의 부활이기도 했던 것이다.

간양의 회상은 노년의 훙첸이 분석철학 세계에서 어떤 활약을 했는지 증언하고 있다. 미국을 대표하는 철학자인 리처드 로티 등의 분석철학자가 베이징을 방문했을 때 일부러 훙첸을 만나러 갔고, 마치 훙첸의 제자인 양 그를 대했다고 한다.25 실제로 에이어보다 더 일찍 분석철학자가 되었던 훙첸은 1980년대 국제 철학계에 복귀한 뒤 몇 번이나 서구로 출장을 갔고, 젊은 날의 친구였던 이사야 벌린 등을 만나기도 했으며, 스승인 슐리크를 둘러싼 이야기도 계속하는 등 학술 교류를 정력적으로 해나갔다. 1986년에는 일본도 방문해 도쿄대에서 강연한 적도 있다. 이러한 의미에서 1930년대 전후 이미 학자로서의 지위를 굳힌 대가들이 1980년대 중국 사상계에서 수행한 역할은 매우 컸다. 하이데거가 중국에서 수용되는 과정에 대해서도 마찬가지라고 할 수 있다.

—

하이데거는 마르크스의 훌륭한 이해자?

카시러에 이어 중국 사상계에 당당히 등장한 철학자는 하이데거였다. 그도 1980년대 중국에서 많은 독자를 거느렸던 사상가이고, 『존재와 시간』[26]의 중국어판은 초판 10만 부가 인쇄되어 전부 판매되었다.[27] 당시 이미 10억이 넘는 중국 인구를 생각하면 대형 베스트셀러라고는 할 수 없을지 모르지만, 그럼에도 철학서로서는 심상치 않은 판매 부수였다. 더구나 하이데거의 저작은 난해하기 그지없다. 하물며 번역서라면 원서보다 읽기가 더 어려울 수밖에 없다. 이 점을 모두 생각해보면 경이적인 판매 부수였다고 할 수 있다.

 『존재와 시간』이 매진을 기록했던 바로 그 수년 전에 "마르크스주의는 우리 시대의 넘을 수 없는 사상"이라고까지 말한 사르트르조차 중국에서는 비판되었기 때문에 나치스에 협력했다는 부정할 수 없는 정치적 오점이 있는 하이데거가 대대적으로 환영받았던 것은 의외라고 할 수 있다. 왜 그랬을까.

한 가지는 앞서 서술한 실존주의가 사람들에게 주목을 받았기 때문일 것이다. 하이데거 자신은 전후에 썼던 「'니힐리즘'에 대하여」에서 자신의 사상은 사르트르의 실존주의와 공통점이 없다면서 흔히 말하는 휴머니즘도 아니라고 확실히 부정했지만, 그가 중국에서 처음으로 수용될 때는 기묘하게도 닮은 부분이 있었다.

또 한 가지는 문호 개방에서부터 수십 년에 걸쳐 당시 중국에서는 새로운 개혁 및 그에 상응하는 문화 창조를 위해 서양 사상전체에 대한 갈망이 점점 더 강해지고 있었다는 것을 가장 중요한 원인으로 들 수 있다. 이 시기는 그때까지 출판이 불가능했던 루쉰의 동생 저우쮀런周作人의 저작이나, 장제스蔣介石나 마오쩌둥도 애독했다고 하는 『증국번전집曾國藩全集』도 해금되어 출판계의 자유가 상당히 높아졌던 때다. 『존재와 시간』 중국어판이 출간되었던 1987년은 마침 사상계나 학계가 좀더 개방되던 때였다. 외국 사상 문화의 전방위적인 섭취는 바로 이 1980년대 문화 붐의 특징이기도 했다.

또한 하이데거의 철학은 그를 소개한 사람에 힘입은 바도 컸다. 1920년대에 프라이부르크대에서 하이데거에게 직접 가르침을 받은 슝웨이熊偉(1911~1994)가 바로 그다. 그는 죽기 직전까지 하이데거 철학을 소개하고 연구하는 데 심혈을 기울였다. 그는 현대 중국에서 가장 저명한 하이데거 연구자이자 철학자다.

후스胡適 등 유명한 학자로부터 경제적 지원을 받으면서 독일에서 약 10년 동안 공부한 슝웨이는 1940년대 초에 귀국한 뒤 대학에서 하이데거 철학을 중심으로 한 독일 철학의 교육과 연구에 종사했다. 그의 회상에 따르면 처음에는 누구도 하이데거 철학에 흥미를 보이지 않았다고 한다. 1949년 이후에는 앞서 서술한 훙첸과 마찬가지로 슝웨이 역시 안정적인 환경에서 연구를 지속할 수 없었다. 서양 철학 자체가 비판의 대상이 되었던 시대였기 때문이다.

그럼에도 슝웨이는 하이데거 연구를 완전히 중단하지 않았고, 미약하지만 『존재와 시간』을 단편적으로 번역했다. 1980년대 문화 붐의 시기가 되어서야 그의 연구가 널리 알려졌다. 그러나 그때까지는 많은 세월을 기다려야 했다. 이때 이미 노경에 접어들었던 슝웨이는 하이데거뿐만 아니라 서양 철학을 정력적으로 연구하면서 분석철학의 훙첸과 함께 젊은 준재들을 육성하는 일에

힘쓰고 있었다.

그 후 제자들이 편집한 슝웨이의 앤솔러지『자유의 본질: 슝웨이 문선自有的眞諦: 熊偉文選』은 400페이지에 달했다. 말할 필요도 없이 이 책의 대부분은 하이데거에 관한 것이었다. 이 앤솔러지에는 슝웨이가 1980년대에 썼던 하이데거에 관한 에세이나 서양 학계와의 교류를 기록했던 글도 들어가 있는데, 당시 중국에서 하이데거 수용에 관한 매우 흥미로운 일화가 있기에 짧게나마 소개해보고자 한다.

하이데거가 나치에 협력했다고 하는 오점을 염려했던 탓일까. 슝웨이는 하이데거를 거론한 글 가운데 몇 번이나 마르크스와 아울러 그를 논하고 있다. 예를 들면 1986년 현대외국철학연구회 연회에서 그가 발표한 주제는 '하이데거와 마르크스주의'였다. 이 발표에서 먼저 하이데거 철학의 기본 개념을 소개하고 나치에 협력했던 과거도 거론한 뒤에 하이데거가 마르크스를 언급한 문장, 구체적으로 말하자면 니체를 논했던『유럽의 니힐리즘』,[28] 「「휴머니즘」에 대하여」,『이정표』[29] 속에서 마르크스를 언급한 단락을 다수 인용하여, 마르크스에 대해 높이 평가한 부분을 열거했다. 슝웨이는 이러한 인용을 통해 하이데거가 마르크스주의와 불구대천의 적이 아니며 오히려 하이데거 철학이 제창한 내용은 마르크스주의와 공산주의로서도 필요한 것이 아니겠느냐고 지적했다. 이는 당시로서는 매우 용기를 필요로 하는 발언이었다. 아직 마르크스주의가 절대적인 지배적 위치를 점하고 있던 시대였기 때문에 철학 등 인문 분야의 논문을 쓰는 이는 누구라도 자신의 관점이 지닌 정당성을 증명하기 위해 마르크스나 엥겔스의 말을 먼저 인용하는 것이 관례였다. 하이데거의 철학으로 마르크스주의를 보완하려고 하는 제안은 오랜 기간의 학문적 연찬에 기초한 흔들리지 않는 신념이나 용기가 없었다면 결코 할 수 없는 행동일 것이다.

하이데거와 중국 철학

또 한 가지 주목해야 할 것은 하이데거 철학과 노장철학老莊哲學의 유사성이 몇 번이나 언급되고 있다는 점이다. 슝웨이와 같은 세대의 중국 서양 사상 연구자—일본으로 말하자면 마루야마 마사오나 가토 슈이치 세대에 해당되는데—의 큰 특징은 서양 학문을 연찬하는 학자임과 동시에 중국 고전 학문에 대한 조예도 매우 깊다는 데 있다. 그들은 처음부터 폭넓은 시야를 갖고 있었고 자국의 문화나 사상을 염두에 두면서 서양 철학 사상을 접하고 있었다.

하이데거 철학과 중국 고전 철학의 관계에 대해서 관심을 갖고 있었던 슝웨이는 '하이데거와 중국 철학'이라는 주제로 독일에서 개최된 1987년 전독일 철학대회에서 발표한 적이 있다. 하이데거의 거의 유일한 중국인 제자가 전독일 철학대회에서 발표했다는 사실 자체로도 상당한 주목을 받았다고 한다. 이 대회에서 슝웨이는 우선 『장자』의 "천지와 나는 함께 태어나고 만물과 나는 하나다. 이미 하나가 되어 있는데, 다시 더 무슨 말이 있을 수 있겠는가. 이미 하나가 되었다고 할진대, 무슨 말인들 없을 수 있겠는가?天地與我並生, 而萬物與我爲一. 旣已爲一矣, 且得有言乎? 旣已謂之一矣, 且得無言乎?"[30]라는 구절을 인용하여 하이데거의 실존 사상과 장자 등의 유사성을 지적했다. 이런 지적 뒤에 하이데거 사상의 독창적인 부분을 논하면서, 하이데거 철학 속에서 진리와 본질의 문제를 언급하고 있다.

여기서 슝웨이는 진리의 본질은 자유로서 나타난다고 주장했다. 다만 이 자유가 하고 싶은 것을 무엇이든 할 수 있는 자유가 아니라면 이른바 필연성에 내몰려서 어떤 것을 하게끔 하는 것도 아니라고 그는 다짐했다. 이 자유는 모든 적극적·소극적 자유에 앞서는 것이기 때문에 존재자 전체에 혼연하여 파고든 비은폐성이라고 한다. 하이데거에 따르면 인간의 제멋대로의 자유가 아니라 오히려 현존재가 인간을 해방시키고 자유의 상태로 데려간다는 것이다. 슝웨이는 이러한 하이데거류의 자유론을 마르크스의 자유와 비교하면서 논의를 전개하고 있다. 즉 저 유명한『공산당선언』에서 "개개인의 자유로운 발전이 모든 사람의 자유로운 발전의 조건"이라는 말을 들어서, 이는 하이데거의 자유론과 통하는 것이라고 해석한다. 그는 하이데거의 고제高弟인 오토 푀겔러의『하이데거의 철학과 정치』를 예로 들어 최근 수십 년 이래 서양에서는 하이데거와 마르크스주의를 논하는 여러 논의가 있었고, 서양 이외의 세계에서도 비슷한 경향이 보인다고 언급했다. 슝웨이의 입장에서 보자면 이는 우리 시대의 요청인 동시에 역사 그 자체이기도 한 것이다.[31]

 슝웨이가 하이데거 철학을 논할 때 어떻게 마르크스와 함께 논해야만 하는가. 이는 중국의 독특한 사정에 의한 것인가, 아니면 슝웨이 자신의 신념에 의한 것인가. 필자로서는 이에 대한 답을 내릴 수 있는 근거가 없지만, 푀겔러가 소개한 서양 학계의 동향을 생각하면 반드시 근거 없는 이야기도 아닌 듯하다. 주목해야 할 것은 슝웨이가 인용한『공산당선언』가운데 자유에 관한 부분이다. 이는 경직화된 마르크스주의를 비판하는 논객이 자주 인용하는 말이기도 하다. 실제 슝웨이는 몇 번이나 이『공산당선언』의 명언을 인용하고 있다. 슝웨이의『자유의 진리_{自由的眞諦}』제목은 격동기인 1980년대가 끝난 직후인 1991년 12월『21세기』(제8호)에 기고된 짧은 에세이의 제목에서 따온 것이고, 이를 읽으면 슝웨이가 하이데거 철학을 소개하는 진의를 좀더 확실히 알 수 있다.

이것이 하이데거가 말한 자유다. 이 자유를 통해 하이데거는 자신의 관점을 '유심론'과 '유물론'이라는 틀에 속박되게 두지 않고, 자유의 진리라고 주장하고 있다. 그는 또한 참된 자유라는 것은 세속적 혹은 도적과 같은 제멋대로인 허튼소리가 아니라 진실로 자신으로부터 우러나온 성의로서 천지의 진실에 들어가는 것이라고 단언한다. 이것이 객관적인 발전 법칙의 필연성을 부르짖는 동시에 인간의 주관적 능동성을 강조하는 마르크스주의와 일치하는 부분이다. 이것은 일부 독일인이 오늘날 제창하고 있는 '하이데거·마르크스주의'의 근거다. (…)『공산당선언』에 나오는 "개개인의 자유로운 발전이 모든 사람의 자유로운 발전의 조건"이라는 말도 사물의 섭리다. 10여 년 동안의 청부책임제[32] 역시 이 진리의 올바름을 증명하고 있다. 개인의 자유를 인정하지 않으면 모든 사람의 자유를 잃고 마는 것이다. 71년의 역사를 지닌 사회주의도 오늘날 동유럽 각국과 소련에서 볼 수 있듯 진흙 구덩이 속에 빠져서 허우적거리고 있다. 자본주의의 대두와 요즘의 권토중래는 개인의 자유를 빼앗고 모든 사람의 자유를 폐쇄했던 것에 원인이 있으며, 동구와 소련의 진흙 구덩이는 개인의 자유를 경시했고, 모든 사람의 자유를 빼앗은 것에 원인이 있다. 이는 모두 앞서 서술한 진리에 의해 분명히 밝혀진 바다.[33]

자본주의 사회에 대하여 지나치게 저평가했다는 오류는 피할 수 없지만, 동구와 서구의 사회주의 실패에 대한 통찰은 매우 날카롭다. 1990년 전후의 중국을 포함한 세계의 격동 가운데 중대한 정치·사회 문제 역시 염두에 두면서 슝웨이는 하이데거 철학을 중국 학계 및 지적 대중에게 소개했던 것이다. 이즈음 일본에서 하이데거를 수용하는 방식과 다소 다른 방식이었다는 점은 특히 주목해야 할 것이다.

슝웨이는 하이데거가 사용했던 용어를 중국어로 번역하는 방법도 다수 고안하여 오늘날 중국에서 하이데거 연구의 기초를 쌓

왔다. 예를 들면 '현존재'로 번역되는 'Dasein'을 그는 중국어로 '친재親在'로 했고, '존재'로 번역되는 'Sein'을 '재在'로, '우려'로 번역되는 'Sorge'를 '번煩'으로, 불안으로 번역되는 'Agst'를 '외畏'로 번역했다. 각각의 용어를 엄밀하게 음미한 뒤에 번역한 것이다. 이는 중국 고전 사상에 조예가 깊었기 때문일 것이다. 제자이자 『존재와 시간』의 공역자에 따르면 'Dassein'의 번역 '친재'가 하이데거의 진의眞意에 가장 일치하는 번역이고 그 배후에는 중국 사상에 대한 깊은 이해가 있다고 한다.[34] 구체적으로 말하자면 '친재'의 '친親'은 몸인데 '스스로' '친애親愛'의 의미로 사용되기 때문에 하이데거가 말하고자 하는 Befindlichkeit(정태성情態性)의 의미와 일치한다.

또한 '친'은 유교 고전 『대학大學』 가운데 '신新'이라는 의미로 사용됐고, 『설문해자說文解字』에서 '친親'은 '도달'을 의미하기 때문에 하이데거가 의미한 바와 통한다고 설명하고 있다.[35] 슝웨이가 손수 보살펴서 길러낸 제자들의 노력 덕택에 하이데거의 철학이 1990년대에 들어선 이후 중국 인문학계에서 가장 번성한 연구 분야의 하나가 되었다는 점에 대해서는 이 책 7장에서 소개하고자 한다.

저 유명한 '『슈피겔』지와의 대담' 가운데 『슈피겔』 기자에게 독일인의 과제와 사명에 대해서 질문을 받았을 때 하이데거는 사후 공표된 대담에서 다음과 같이 말하고 있다. "내가 확신하는 바에 따르면 현대의 기술적 세계가 유래한 바로 그곳으로부터만 하나의 방향 전환이 예비될 수 있으며 선불교나 다른 동양적 세계 경험을 받아들임으로써 발생할 수는 없을 것이라고 생각합니다. 유럽적 유산과 그것의 새로운 전유專有가 줄 수 있는 도움을 깊이 생각해볼 필요가 있습니다. 사유는 동일한 유래와 동일한 운명을 지닌 사유에 의해서만 변화될 수 있습니다."[36] 확실히 하이데거는 노자나 장자의 말을 인용하면서 그들 사상에 대한 친근감을 표명하고는 있지만, 결국 서양 사상의 문제를 해결하는 데는 서양 사상 자신의 힘으로써만 가능하다는 그의 진정한 속내를 여기에서도 엿볼 수 있는 것이다.

　필자가 위의 인터뷰를 읽고 놀랐던 부분은 오히려 다음과 같은 것이었다. 즉 만약 하이데거가 말한 것처럼 사유가 다만 같은 유래와 규정을 갖는 사유에 의해서만 변할 수 있다면, 일본이나 중국처럼 적극적으로 서양 학문을 도입하는 것은 무의미할 터이다. 과연 정말 그러한가. 계속해서 이 25년 동안의 중국 사상계의 움직임을 고찰하면서 이 문제에 대한 답을 생각해보고자 한다.

서구 마르크스주의 '시마西馬'

: 프랑크푸르트학파를 중심으로

—

『자유로부터의 도피』는 왜 인기 있었나

'시마西馬'라는 단어를 보면 대체 여기서 '말馬'이란 무엇인가라고 의아하게 생각할지도 모르지만, 실제 말과는 아무런 관계가 없는 '서구 마르크스주의'라는 단어의 중국어 번역어다. 마르크스의 중국어 표기는 '마커쓰馬克思'이고 '서구 마르크스주의'의 중역인 '西方馬克思主義'를 줄여서 '시마'가 되었기 때문이다. 이 서양 마르크스주의도 1980년대 중국에서 상당한 충격을 준 외래 사상

가운데 하나였다. 그 가운데 특히 영향력을 갖고 있었던 것은 프랑크푸르트학파다. 주로 아도르노, 호르크하이머, 프롬 등 제1세대의 사상을 중심으로 중국에 소개되었다.

프랑크푸르트학파가 중국에서 최초로 주목을 받은 것은 사실 문화 붐 이전부터였다. 1978년 외국 철학계의 동향을 소개하는 『철학역총哲學譯叢』이라는 잡지에 프랑크푸르트학파의 사상을 소개하는 논문이 게재되었던 것이 계기였다. 그 후 뉴레프트의 기수 페리 앤더슨의 『서구 마르크스주의』[37]가 1981년 중국어로 번역되어 프랑크푸르트학파가 중국 학계에 좀더 잘 알려지게 되었다. 당시 마르크스주의에 휴머니즘을 포함시켜야 할 것인가를 둘러싸고 정통 이데올로그와 체제 내부의 진보적인 사상가들이 격렬한 논전을 벌였기 때문에, 프랑크푸르트학파 이론은 인도주의를 중시하는 사상 자원의 하나로 이 시기에 크게 눈길을 끌었지만 본격적인 현대 사상으로 중시되기 시작한 것은 문화 붐이 일고 나서부터였다.

1980년대 중국 사상계의 지상 명제는 근대화 및 이를 위한 새로운 계몽이었다. 그러나 프랑크푸르트학파의 학자들은 주로 파시즘 비판이나 고도로 발전된 자본주의 사회에 대한 비판으로 잘 알려져 있는 이들이었다. 아도르노나 호르크하이머의 명저 『계몽의 변증법』은 계몽 시대 이래 현대사회의 문제점을 거론한 저작으로 그 주요한 관점 역시 문화 붐의 시기에 소개되었는데, 얼핏 보기에 문맥이 상당히 달랐던 문제의 관심사가 어떻게 서로 연결될 수 있었던 것일까.

당시는 새로운 '개국開國'이 막 시작되었던 시기였기에 근대적인 산업 발전이 대폭 늦었던 중국으로서는 아도르노의 사상에 그다지 매력을 느끼지 못한 것 같다. 이는 시장경제가 그리 발달하지 않았고, 기본적으로 농민이 인구의 태반을 차지하고 있던 농업국이었기 때문에, 프랑크푸르트학파가 우려했던 현대사회의 여러 문제점은 중국 학자들에게 절실하지 않았던 것이다. 중국학자들에게 긴요한 과제는 오히려 '어떻게 중국을 계몽할 것인가?'였기 때문이다. 물론 호르크하이머나 아도르노가 수행한 계몽에 대한 비판은 당시 중국 지식인들에게 완전히 무의미한 것은 아니었다. 역사의 중요한 한 단계로서의 계몽을 경험했던 구미의 선진국이 걸었던 길인 만큼, 이들의 다양한 경험을 배워야 할 것이기 때문이다. 근대화나 계몽을 지향하는 동시에 실현된 뒤의 문제에도 일부 지식인은 관심을 갖고 있었다.

1980년대를 통해 중국에서 가장 널리 읽힌 프랑크푸르트학파의 사상가는 사실 이 그룹의 지도자였던 호르크하이머나 아도르노가 아니라 일본에도 널리 알려진 정신분석가이자 사회철학자인 에리히 프롬이었다. 그런데 중국 지식인이나 일반 독자는 프롬으로부터 대체 무엇을 배우려 했던 것일까.

중국어로 번역된 프롬의 책을 읽어보면, 당시 중국 독서인이 필요로 했던 것이나 지적 호기심을 채울 수 있는 게 많았다는 점을 알 수 있다. 『자유로부터의 도피』나 『건전한 사회』 『자기를 찾는 인간』 등의 저서는 자유의 문제나 건전한 사회의 문제를 제기한 것이고 이는 문화나 역사가 달랐다고는 하지만 중국에서도 진지하게 받아들여진 문제였다.

시대적 배경을 보면, 프롬이 젊은 시절부터 사색의 원천으로 선택한 프로이트는 바로 이 시기 중국에서 막 소개되기 시작했을 때였고, 프롬이 높이 평가한 청년 마르크스의 『경제학 철학 초고』도 실은 같은 시기 중국에서 커다란 주목을 받고 있었다. 이미 언급된 휴머니즘을 둘러싼 논쟁 역시 마르크스와 프로이트를 원천으로 했던 프롬의 사회사상이 매력적으로 받아들여진 배경이었음에 틀림없다.

소련처럼 사회주의 사회나 구미 선진국처럼 고도로 발달한 자본주의 사회를 가차 없이 비판했던 프롬이 그린 이상적인 인간상은 사랑하는 능력을 갖고 자발적으로 발전할 수 있는 창조적인 인간이다. 그의 대표작 가운데 하나인 『자유로부터의 도피』를 읽으면 알 수 있듯이 현대인의 마음이 지닌 문제에 대한 그의 해부나 분석은 날카롭기 그지없다. 자연을 정복해서 주인이 되었고 그토록 추구해왔던 자유를 손에 넣었던 인간이 이제는 도리어 새로운 권위를 찾게 되는 바로 그 원인을 분석한 프롬의 작업은 설득력으로 넘쳤다. 지금까지 오로지 정치사상의 입장에서 관심이 집중되었던 자유라는 문제를 프롬은 심리학의 측면에서 파고들어, 새로운 시각을 제공해주었다. 새로운 자유를 손에 넣은 인간의 심리적 미숙 때문에 새로운 권위를 찾으려는 경향이 나치즘 대두의 중요한 원인이었다고 하는 프롬의 분석은 자유의 문제에 강한 관심이 있었던 중국 지식인에게 무척 흥미롭게 비쳤다. 또한 그의 휴머니즘적인 사회 비판humanistic social criticism, 보편적인 인류의 가치라는 입장에 서서 자신이 살고 있는 사회를 비판하는 자세 역시 이러한 전통이 그다지 뿌리 깊지 않은 중국 사회로서는 매우 신선하게 보였을 것임에 틀림없다. 그것은 프롬을 읽고 구체적으로 어떤 점을 자신의 연구에 활용할지의 차원을 넘어선 것이었다. 프롬의 사고는 문화대혁명 같은 극좌 전체주의가 초래한 인위적인 재해, 중국이 지금껏 3000년 이상 걸어왔던 길을 반성하는 시기에 유력한 사상의 '무기'를 제공했다고 할 수 있다.

프랑크푸르트학파의 제1세대 사상가 가운데 프롬 이외에 이 시기에 소개된 사람은 1960년대 말 학생운동에 큰 영향을 미쳤던 사상가이자 하이데거의 제자이기도 한 마르쿠제나 나치로부터 도망하다가 비운의 최후를 마쳤던 발터 벤야민이었다. 마르쿠제의 대표작인 『에로스와 문명』이나 『일차원적 인간』이 중국어로 번역되었던 데 비해서, 벤야민은 『독서』에 소개된 경박한 『보들레르』의 중국어 역이 많은 문학청년에게 애독되었다고 한다.

1980년대에 진행된 프랑크푸르트학파의 소개와 수용은 오늘날 돌이켜보면 아직까지 시작 단계에 지나지 않은 수준이었다. 대다수의 중요한 작품이 아직 번역되지 않았기 때문이다. 그러나 번역이나 연구자 소개를 통해 서양의 대표적인 마르크스주의로부터 영향을 받았던 학자들이 어떠한 사상을 만들어가고 있었는가를 아는 것만으로도 당시의 중국 논단이나 학계로서는 큰 자극이 되었다. 이 영향은 일시적인 것이 아니었다. 1990년대 이후의 중국에서도 프랑크푸르트학파의 영향력은 점차 넓어지고 있었다. 이 책 후반부에서는 주요 저작이 다수 번역되었을 뿐만 아니라 직접 중국을 방문하기도 했던 하버마스가 중국에서 어떻게 수용되었는가를 살펴볼 것이다.

일본은 대단한 나라인가
: 1990년대 중국에서의 후쿠자와 유키치

『문명론의 개략』이 지닌 문제의식

앞서 필자는 주로 1980년대 중국에서 일본 이외의 선진국 사상
이나 문화 수용을 중심으로 논의를 진행해왔다. 그러나 이 시기
의 중국 학계나 논단에서 일본에 대한 관심이 결코 없었던 것은
아니다. 구미가 아닌 나라 가운데 가장 일찍이 근대화를 실현한
일본에 대해서, 중국이 개혁개방이라는 국책을 정했던 이래 민관
을 불문하고 항상 높은 관심을 품고 있었다. 이 시기 중일 관계는

냉전 시기 국제 사정의 영향도 있어서 역사 문제 때문에 어색해 졌던 1990년대 이후와 비교하면 훨씬 더 양호한 상태였다. 문혁 이 종료된 뒤의 중국으로서는, 일본이란 바로 근대화의 실현에 있어 커다란 자극을 주는 존재였다.

필자의 통계로 보자면, 1979년 4월 창간 때부터 문화 붐이 종 결됐던 1989년 6월까지 약 10년간 『독서』에 실린 일본 관련 논 문은 40편에 달한다. 연평균 4편쯤 실린 셈이고 미국보다는 적지 만, 선진국 가운데는 결코 적은 편이 아니다. 게재된 글의 장르를 보면 일본 문학에 관한 소개가 압도적으로 많았는데, 절반가량을 차지했다. 『만요슈萬葉集』나 『겐지 이야기源氏物語』 등 일본의 고전 문학 소개에서부터 미시마 유키오三島由紀夫나 시바 료타로司馬遼太 郎 또는 아리요시 사와코有吉佐和子와 같은 현대 작가를 다룬 문학 평론까지 실로 다양한 방면에 걸쳐 있었다. 나머지 절반을 차지 하고 있는 것은 일본의 근대화와 관련된 글들이다. 후쿠자와 유 키치福澤諭吉의 주저인 『문명론의 개략』 서평에서 요시다 시게루吉 田茂의 『격동의 백년사』에 대한 논평까지 내용은 상당히 풍부한 편이었다. 집필진 역시 일본을 전문적으로 연구하는 학자들만으 로 한정되지 않았다. 앞서 서술한 인도학의 대가인 진커무金克木 나 당시 두각을 드러내고 있던 신진 학자 등 다채로운 구성원이 등장하고 있었다. 중국의 학자들은 어떤 관점에서 일본의 사상이나 문화를 보고 있었던 것일까. 아래에서는 후쿠자와 유키치와 관련된 글을 중심으로 개관해보고자 한다.

1980년대 대부분의 지식인은 '중국과 일본이 근대에 들어와 거의 같은 시기에 서양으로부터 충격을 받았는데, 어째서 일본은 근대화를 이뤄낼 수 있었는가'라는 의문을 품었다. 또한 일본이 거국적으로 경제 발전을 이루고자 노력했던 시기에 중국은 세계사에서도 보기 드문 '문화대혁명'을 겪어야 했다. 왜 이렇게 되었을까. 이러한 문제의식이 그들의 눈을 일본으로 향하게 했을 것이다.

1984년 12월호 『독서』에 후쿠자와의 『문명론의 개략』에 관한 서평이 게재되었다. 이 명저는 1959년에 이미 중국어판이 나왔고 1983년에 제3판이 나왔기 때문에 학술서로서는 나름대로 꽤 읽혔다는 것을 알 수 있다. 이 책은 앞서 언급했던 상우인서관에서 발행했던 '한역세계학술명저총서'에 포함된 소수의 일본 명저였다. 『독서』에 게재된 서평의 제목을 일본어로 번역해보면 "동서문명이 조우했을 때 쓰인 저서"가 된다.[38] 계몽사상가로서 후쿠자와를 높이 평가한 이 서평은 25년 뒤인 지금 읽어도 신선미를 잃지 않았을 뿐만 아니라, 중국으로서도 후쿠자와의 의의나 그의 수용을 생각할 때 다시 한번 읽어야 할 글이다.

이 서평은『문명론의 개략』을 '동서 문명이 처음으로 조우할 때의 교차점에 우뚝 솟은 랜드마크'로 자리매김하고 있다.[39] 이처럼 후쿠자와를 높이 평가하고 있는 서평자는 중국 문명에 대한 후쿠자와의 비평을 불쾌하게 생각하지 않고 오히려 겸허하게 받아들이고 있다. 예를 들면 후쿠자와는 "지나支那는 예의禮儀의 나라가 아니다. 예의 있는 사람이 거주하는 나라라고 할 수 없다"고 하지만, 서평자는 외부의 탁월한 문명을 받아들이기 위해 장애가 되는 것을 배제하고 싶었던 후쿠자와의 강한 의욕을 이해한다면 아마도 그의 중국 문명 비판은 중국 전통문화를 경멸하고 있다고는 말할 수 없으리라고 쓰고 있다. 후쿠자와 외에도 중일이동론中日異同論, 예컨대 중국은 진시황 이래 기본적인 인간관계가 변치 않고 가장 강한 자와 가장 존경받는 자가 일체화된 전제정치가 행해졌지만, 일본은 무가武家가 정권을 장악한 이래, 가장 강한 자와 가장 존경받는 자가 서로 달랐기 때문에 서양 문명을 중국보다 부드럽게 무리 없이 흡수할 수 있었다는 후쿠자와의 분석에 대해서도 서평자는 일본에 대한 단순한 자랑거리로만 보지 않고 있다. 그뿐만 아니라 다원화가 교류의 전제라고 하는 후쿠자와의 생각에도 찬성을 표명하고 있다.

후쿠자와는 외재적인 문명을 배우기란 쉽지만 내재적 문명은 상당히 배우기 어렵다고 말하고 있다. 이러한 탁월한 견식에 입각해서 그는 같은 시기의 중국 양무운동파洋務運動派가 병제兵制를 개혁하고 서양으로부터 거대한 군함을 구입하는 등의 행동을 『문명론의 개략』에서 비판하고 있다. 이에 비해서 서평자는 청조淸朝의 양무운동파가 후쿠자와의 의견을 경청하지 않은 것을 한탄했다. 먼저 선진적인 문명 가운데 배우기 어려운 부분을 흡수해야 한다는 후쿠자와의 의견에 대해서 서평자는 보통의 과정이라면 어려운 일이고, 대부분의 경우는 오히려 간단한 것부터 착수해야 한다고 주장하면서 조금 다른 견해를 제시하고 있지만, 최종적으로는 역시 외국 문명을 흡수하기 위해서는 그 나라의 철학이나 사상까지 섭취하는 것이 필요하다면서 결론적으로 후쿠자와의 생각에 동조하고 있다.

이 서평의 끝부분에서 서평자는 중국 지식인이나 학계를 향해서 『문명론의 개략』의 「서언」을 반드시 꼼꼼하게 읽어볼 것을 호소하고 있다. 후쿠자와는 「서언」에서 학자의 사명을 말하고 있는데, 그에 따르면 에도에서 메이지로, 하나의 몸으로 두 번의 삶을 경험한 학자라면 자기 민족의 부흥에 책임을 져야 하며, 혁신뿐만 아니라 독창적인 작업도 하지 않으면 안 된다. 한 사람의 인간이 마치 두 몸을 지닌 것처럼 이 독특한 조건을 이용하면 참신한 이론을 만들 수 있고, 일본을 일신시킬 수 있다고 하는 후쿠자와의 말을 서평자는 '일본'이라는 두 글자를 중국으로 바꾼다면 현재 개혁을 진행하고 있는 중국에 딱 들어맞는 말이라면서 글을 끝맺고 있다.

필자가 이 서평을 읽고 강하게 느낀 것은 서평자가 매우 냉정하고 객관적으로 후쿠자와 유키치가 지닌 사상가로서의 역량과 식견을 평가하고 있다는 점이다. 그는 '일본의 볼테르'라는 말을 사용하여 계몽사상가로서, 동서 문명에 대한 후쿠자와의 날카로운 통찰력에 칭찬을 아끼지 않고 있다. '탈아론脫亞論'을 주장하는 후쿠자와가 중국 문화를 비판했기 때문에 이데올로기의 측면에서 후쿠자와 비판을 전개한 것이 아니라, 당시 막 개혁을 시작한 경험이 일천한 중국으로서는 오히려 타산지석으로서 후쿠자와의 사상을 중시해야 한다고 역설한 것이다. 어떤 의미에서 이 서평자는 현대 중국에서 후쿠자와 유키치의 참된 지기知己라고 할 수 있을 것이다.

덧붙여 말하자면, 중국에서 후쿠자와와 같은 사상가를 찾아보려 한다면, 거의 동시기를 살았던 옌푸嚴復(1854~1921)가 비슷한 역할을 했다고 할 수 있다. 그러나 옌푸는 말년에 위안스카이袁世凱가 제정帝政 부활을 꾀할 때 일익을 담당했기 때문에 마지막까지 계몽사상가로서 초지일관했던 것은 아니다. 또한 후쿠자와에 대한 소개는 1984년『독서』의 서평이 처음은 아니었다. 약 100년 전 일본에 외교관으로 주재했던 시인 황준헌黄遵憲(1848~1905)이 후쿠자와를 가장 일찍 중국에 소개했고, 또한 청말 계몽운동에서 중요한 역할을 담당했던 량치차오 역시 적극적으로 후쿠자와를 소개했다. 그리고 그때로부터 약 100년 뒤 중국의 입장에서 볼 때도『문명론의 개략』의 가치는 결코 사라진 것이 아니었다. 19세기 중반 이후 근대화의 길을 함께 걷기 시작했던 중일 양국이기 때문에『문명론의 개략』에는 오늘날 중국으로서도 아직 참고할 만한 점이 많기 때문이다.

전통에 대한 반성

지금까지 조금 언급했지만 25년 전에 문화 붐이 일어났을 때, 중국의 전통문화는 별로 평판이 좋지 않았다. 많은 지식인이 보기에는 중국이 진정한 근대화를 실현하려 한다면 전통문화는 철저하게 비판해야 할 대상 외에는 아무것도 아니었다. 이러한 분위기 속에서 중국 문명에 대한 후쿠자와의 비판이 공감을 불러일으켰는데, 앞서 서술한『문명론의 개략』에 대한 서평은 하나의 전형적인 반응이다. 진지하게 자신의 전통을 반성한 뒤 재출발이 필요하다는 일종의 공통인식을 지녔기 때문이다. 동시에 그때까지의 중국과 달리 전통을 버리지 않고도 근대화를 실현했던 일본은 많은 중국 지식인에게 하나의 선택지를 제공할 수 있다는 의미에서 주목받았다. 이러한 시대에 모리시마 미치오三嶋通夫의『일본은 왜 성공했는가』[40]라는 책도 중국어로 번역되어『독서』에서 거론된 적이 있었다. 이 책의 서평을 쓴 사람은 현대 중국을 대표하는 인문학자의 한 사람으로, 당시 막 데뷔한 신진기예의 중국 사상사 연구자인 쉬지린許紀霖[41]이었다. 그가 1987년『독서』3월호에 기고한 서평은 전통을 크게 살린 일본 근대화 모델의 장점과 단점에 주목하면서 모리시마의 대표작을 논평하는 것이었다. 일본이 근대화에 성공했던 과정 속에서 전통이 담당한 역할에 강한 관심을 갖고 있던 쉬지린은 모리시마의 저작을 논평하며 중일 관계의 공통 과제, 근대화에서 전통의 문제를 고찰했던 것이다. 필자의 입장에서 보자면 일본 전문가가 아닌 쉬지린이 모리시마의 저서라는 렌즈를 매개로 일본이 근대화에 성공한 원인 및 그 문제점을 상당히 날카롭게 지적했다고 할 수 있다. 이 서평에서 쉬지린은 중국에서 근대화 문제에 관심을 갖는 모든 독자에게 모리시마의 역작을 추천했다. 이 책의 일본어 원저가 2년 뒤 중국어로 번역되었는데, 이는 당시 중국인이 일본이 근대화에 성공했다는 점에 얼마나 많은 관심이 있었는가를 말해주는 방증이기도 하다.

오늘날의 입장에서 보면 25년 전, 일본에 대한 중국 학계의 이해는 상당히 자기 본위적인 것이었다. 즉 자신들의 주요 관심 외에는 다른 흥미가 없었다는 특징이 있지만, 그 시대를 생각하면 어쩔 수 없는 노릇일 것이다. 그러나 일본의 근대화 성공이 중국 지식인에게 상당히 주목을 받은 것도 사실이다. 당시와 비교하면 오늘날의 중국 경제는 예상을 훨씬 뛰어넘는 속도로 급속한 발전을 거듭하고 있지만, 경제 발전이 지상 과제처럼 여겨지고 있기 때문에, 균형을 갖춘 근대화는 아직 중요한 과제로 계속 남아 있다. 이러한 의미에서 근대화의 선배 격인 일본에게 "더 이상 배울 것이 없다"라고 단언할 단계는 물론 아닐 것이다.

새로운 계몽 시대

: 1980년대에 관한 하나의 총괄

문화인의 시대와 경제인의 시대

최근 중국에서는 1980년대, 특히 문화 붐 무렵을 회고하는 책이 몇 권 출판되었다. 『독서』를 발행하는 싼롄서점三聯書店이 출간한 『80년대 방담록訪談錄』과 같은 당시 활약했던 지식인 인터뷰를 묶은 책이 많은 중국 미디어로부터 '2006년 10대 우수도서' 중 하나로 선정된 바 있다. 여기에 각 분야의 논객이 쓴 에세이 등을 통계에 넣으면 그 수는 좀더 많아질 것이다. 전 국가적으로 비약적인 경제 발전을 이뤘지만 배금주의가 만연하고 있다고 해도 과언이 아닌 오늘날 중국에서 왜 이상주의 시대를 그리워하는 것일까. 여기에 그 원인을 필자 나름대로 간단히 분석하면서 1980년대 중국에서 현대 사상의 수용상을 정리하고자 한다.

청년 학자의 중심인물로 활약했던 간양甘陽은 『80년대 문화의식』이라는 당시 신진 학자들의 문집 복간본에 기고한 글의 서문에서 "1990년대가 경제인經濟人의 시대였던 데 반해, 1980년대는 마지막 문화인의 시대라고 불러야 할 것이다. 그 주체는 지식청년 세대 가운데 문화인이다"라고 썼다.⁴² 확실히 1990년대 이후의 중국과 비교하면 당시는 "마지막 문화인의 시대"라고 할 수 있을지도 모르겠다. 혹은 인문학자가 아직 지식인으로서의 자긍심이나 영향력을 갖고 있던 시대라고 할 수 있다. 이러한 시대에 문화가 논의의 중심이 되었던—오늘날 대다수 중국인이 보면 공허한 느낌이 드는 것은 어쩔 수 없지만—문화 붐까지 일어났던 것이다. 지면의 제한 때문에 빠짐없이 소개할 수 없지만 실은 지금까지 소개했던 주요한 사조 외에도 프로이트나 융의 정신분석학, 카를 포퍼의 사회과학과 사회철학, 미학의 붐 내지 기독교 신학까지 등장했던 것이다. 프로이트의 『정신분석입문』의 번역이 반세기 만에 같은 번역자에 의해서 개정되었을 때, 프랑스 통신사

기자는 이를 기사화하면서 중국 개혁개방의 참된 상징적인 사건이라고 칭한 적도 있다. 프로이트의 『정신분석입문』이나 『꿈의 분석』은 베스트셀러가 되기도 했는데, 『꿈의 분석』 초판은 무려 12만5000부나 팔렸다고 한다. 다양한 외국 사상이나 문화가 글자 그대로 성난 파도처럼 중국으로 밀려 들어왔다. 오랜 기간에 걸쳐 정신세계에 굶주려 있던 중국인들은 모처럼 이 풍요로움을 만끽할 수 있었다. 문화 붐은 1985년경부터 시작되어 약 4년 만에 [1989년 톈안먼 사태로 인하여] 불가피하게 종결을 맞게 되었지만 21세기 중국 역사에서 또한 중국인의 정신사 가운데 5·4운동에 이어 위대한 사상해방의 시대로서 후세에 길이 기억될 것이라고 필자는 믿는다. 그리고 그렇게 믿는 사람이 결코 필자 혼자만은 아닐 것이다.

이 시기 중국에서 일본을 포함한 선진국의 사상이나 문화가 많은 젊은이를 비롯한 독자들에게 열렬한 환영을 받은 것은, 그때까지 이데올로기의 절대적인 영향을 생각하면, 매우 믿기 어려운 현상이었다. 옛날이라면 마르크스주의에 의해서 비판받아 마땅했기 때문이다. 필자의 기억으로는 당시 사르트르 등 현대 사상의 거장에 대한 강연회는 인기가 매우 높았다. 이러한 사상이 많은 독자나 지식인에게 열심히 흡수되었다는 사실을 떠올릴 때

마다 문명의 주류로 돌아가려는 당시 중국 지식 대중의 비장한 노력에 감동을 받곤 한다. 하이데거나 포퍼와 같은 대척점에 위치한 대사상가의 저서가 경이적인 판매 부수를 자랑했던 것은 오랜 기간 이어진 쇄국에 의해 잃어버린 소신을 만회하려는 눈물겨운 노력의 방증이라고 할 수 있다.

외국의 선진적 사상 문화를 섭취하는 그 의욕은 감탄할 만하다. 다만 대외 개방이 시작되었다고 할지라도 아직까지 많은 세월이 지나지 않았기 때문에 현대 사상에 대한 당시 중국 학자의 이해는 편향된 부분이 있었다는 점을 부인할 수 없다. 예를 들면 근대나 계몽이라는 것을 지나치게 찬양하는 면이 있었던 것이다. 자본주의의 문제점보다도 성공했던 일면에 더욱 주목했다. 이제 막 문화대혁명을 경험했기 때문에 자연스러운 반응이었을 것이다. 이러한 의미에서 일본의 '전후 계몽戰後啓蒙'과 조금 유사한 측면이 있다고 할 수 있다. 마루야마 마사오丸山眞男로 대표되는 전후 계몽이 지닌 한 가지 문제점은 서구의 근대를 지나치게 이상화한다는 점이라는 지적이 예전부터 있었다. 이와 마찬가지로, 중국의 '서양 추수주의자'들도 자신의 나라가 후진적이라는 것을 인정하고 구미 선진국을 본받아야 할 모범으로서 간주하는 경향이 있는 것은 사실이다. 그렇다고 해서 필자는 결코 그들이 근본적인 부분에서 잘못되었다고는 생각하지 않는다.

　문화 붐을 눈앞에서 지켜보면서 대학 시절을 보냈던 학생으로서, 지금도 당시 사람들이 지닌 고귀한 열정을 잊어서는 안 될 것이다. 본격적인 근대화를 실현해서 세계 문명의 주류로 돌아가려는 장렬한 노력이 1980년대 문화 붐을 정점으로 하는 새로운 계몽 시대의 본질이었다고 생각한다. 1970년대 말부터 중국의 개방은 어디로 향했던 것일까. 물론 이는 선진국으로 향한 개방이다. 훗날 WTO의 가입이 그 증거다. 이에 따라 선진국의 우월한 기술이나 문화를 도입하고 중국의 근대화를 달성한다는 것이 지상 과제가 되었다. 문화의 측면에서는 민간의 자발적인 계몽 노력도 큰 성공을 거두고, 그 힘으로 체제 내의 진보적인 지식인이나 관료와 함께 새로운 계몽 시대를 열었던 것이다. 말할 필요도 없이 문명의 주류로 돌아가는 길은 결코 평탄치 않다. 그러나 중국 문화를 짊어진 현대 지식인들의 꿈―부국富國만이 아니라 민주적이고 고도의 문명을 갖는 새로운 중국을 지향하는 꿈―은 어떠한 힘에 의해서도 막을 수 없을 것이다. 냉전이 종결됐던 1990년 전후 격동의 역사를 경험한 뒤에 1990년대 이후의 중국 지식인들은 다시 새로운 노력을 시작했던 것이다.

인기 학문이 된 현상학

어째서 현상학이 관심을 끌게 된 것일까

1990년대 중국 현대 사상 수용의 큰 특징 중 하나는 현상학에 대한 연구가 본격적인 궤도에 올랐다는 점이다. 후설을 비롯한 현상학 거장들의 주저에 대한 우수한 중국어 번역이 속속 이루어졌을 뿐만 아니라, 분명히 후설이 편집한 『철학 및 현상학연구연보』를 의식한 이름으로 1994년 『중국 현상학과 철학평론中國現象學與哲學評論』 같은 학술지도 창간되었다. 현상학의 기본적인 문제뿐만 아니라, 현상학과 윤리, 순수 철학이나 정치철학 내지 중국 문화와의 관계 등을 둘러싸고 여러 측면에서 현상학에 대한 접근이 이루어졌으며, 이러한 저작들이 10여 권이나 출판되었다. '현상학 사이트'도 생겨 인터넷 공간에서도 충실한 현상학 교류의 장이 만들어졌다.[43] 중국을 대표하는 베이징대나 중산대에 현상학연구 센터도 들어서서, 현상학은 중국 철학계에서 존재감이 점점강해지고 있다. 또한 아시아에서의 현상학 연구가 일본과 한국의현상학 전문 연구자에 의해 주도되고 있지만, 1990년 이후 중국에서도 한일 양국을 맹추격하려는 기세로 현상학 연구가 진전되고 있고, 연구 질도 착실하게 제고되고 있는 상황이다.

그렇다면 어째서 현상학이 인기를 끌게 되었을까. 관계자의말을 인용하면서 설명하고자 한다. 현재 중국에서 가장 활발하게현상학을 연구하고 있는 니량캉倪梁康은 국제적으로 저명한 스위스 현상학자이자 자신의 스승인 I. 케른Iso Kern과 공동 집필한 「중국에서의 현상학」[44]에서 다음과 같이 적고 있다.

현상학이 동양 문명권에서 인기를 끌고 가장 큰 영향력을갖게 된 이유는 역시 그 방법상의 특색에 있다고 해야 할것이다. '사상事象 자체에 대해서'라는 현상학의 주장은 철학의 독창적인 사유에 대한 기본적인 요구를 만족시키고 있다. 또한 현상학은 땅에 발을 딛고 탐구하는 철학으로서 철학 연구에서 필요로 하는 가장 기본적인 논의를 위한 플랫폼을 제공할 수 있다. 현상학이 제창한 직접적인 직관에 대한 파악은 철학 연구에서 공허한 개념이나 범주의 출현을 막을 수 있다. 현상학의 '엄격'하고 '신중'한 탐구 자세는 연구자에게 진리의 창조자 혹은 소유자로서 강령을 선포하고, 체계를 구축하는 것을 포기하게 만들며, 그 대신 문제에 대해서 사상事象을 포함한 서술이나 분석이 가능하게 한 것이다.[45]

여기에서 알 수 있듯 니량캉처럼 중국의 현상학자들을 강하게 끌어들인 것은 바로 현상학의 독특한 정신이다. 이처럼 진지한 탐구 정신은 그때까지의 중국 철학 전통 속에서 찾아보기 힘든 것이었고, 이를 도입하는 게 중국 사상 발전에 매우 중요하다는 판단이 있었기 때문에 니량캉 등이 전력을 다해 현상학 소개와 연구에 종사했던 것이며, 적어도 이는 주된 동기였다고 할 수 있다.[46] 다음은 후설과 하이데거를 중심으로 오늘날 중국에서 현상학이 어떻게 수용되고 어떻게 섭취되었는가에 대해 조금 더 구체적으로 살펴보자.

현상학 창시자의 본격적인 등장

1980년대에 가장 일찍 중국어로 번역된 후설의 주저는『현상학의 이념』이었다. 이 책의 번역자인 니량캉에 의하면 그를 현상학 연구로 이끌었던 I. 케른의 추천에 의해서 번역에 착수했다고 한다. I. 케른은 일본의 현상학계에서도 잘 알려져 있는 철학자로서『후설 전집』의 편집자로도 참여한 바 있는 인물이다. 그가 니량캉에게 추천한『현상학의 이념』은 매우 얇은 책이지만, 중국 대륙에서만 무려 13만 부나 팔렸다.

1990년대에 들어와서는 니량캉을 비롯한 중국의 현상학 연구자들이 한 걸음 더 나아가 후설의 대표작을 정력적으로 번역하기 시작했다.『순수 현상학의 이념과 현상학적 철학』이나『논리학 연구』『경험과 판단』및 후설의 대표적인 저작을 모은『후설 선집』도 출간되어 있다. 번역 작업과 동시에 본격적인 연구도 대대적으로 진행되었고, 그 결과 많은 성과가 나왔다. 예를 들면 니량캉의 박사학위 논문 *Seinsglaube in der Phänomenologie Edmund Husserls*는 중국인 학자가 내놓은 최초의 현상학 연구서인데, 현상학계에서 가장 중요한 총서인 'Phänomenlogica'에 수록되었다. 그가 중국어로 쓴 『현상학 및 그 영향: 후설과 현대 독일 철학』[47]은 후설 현상학을 중심으로 논하고 있지만, 동시에 후설이 하이데거나 셸러, 가다머, 하버마스 등에게 끼친 영향도 고찰하고 있다. 후설이 일찍이 교편을 잡은 적이 있는 프라이부르크대에서 오랫동안 현상학을 배운 니량캉은 현상학의 원전을 숙지하고 있다. 뿐만 아니라 그는 독일 철학 및 서양 철학 전체에 대해서 폭넓은 시야를 갖춘 인물로 연구 수준은 중국 현상학계에서 발군이었다. 이 책의 결론은 중국에서 현상학의 연구 목적을 좀더 명확히 설명하고 있기 때문에 인용해본다.

후설 본인은 누차 제1철학으로서의 이론현상학의 성격을 강조하고 그 자신은 뿌리 깊은 비非실천적인 철학자임에도 불구하고 그의 철학에 관한 우리의 연구는 반드시 '실천적' 혹은 '실용적'인 목적을 지니고 있는 것이다. 만일 그렇지 않다면 우리는 그의 철학에 흥미를 느끼지 못했을 것이다. 가장 일반적으로 말하자면 그 목적, 즉 후설 현상학의 연구 방법과 연구 영역을 열어 보임으로써, 이에 기초해서 우리는 어떤 특정 사유 방식과 특정 지역 문화를 초

월함과 동시에 이들 사유 방식과 문화를 포용할 수 있는 차원에 도달하게 된다.[48]

이 인용문과 앞서 서술한 현상학이 동양 문화권에서 주목받는 이유를 아울러서 생각한다면 니량캉 등 중국 현상학자의 연구 의도가 좀더 확실해질 것이다. 물론 상당히 이질적인 사상 전통 사이에 가교를 놓는 것과 같은 작업이기 때문에 그 길이 결코 평탄할 수만은 없다. 현상학 특유의 용어에 대한 번역도 통일되지 않고 독일어를 알 수 없는 독자들로서는 혼란을 느끼는 일이 잦았기 때문에 많은 오해도 뒤따랐다. 어떤 경우, 중국어로 번역된 것이 후설이나 하이데거의 원서보다 읽기 어렵기도 했다고 한다.

이러한 문제를 해결하기 위해 니량캉은 『후설 현상학 개념 통석』[49]이라는 600페이지가 넘는 두툼한 현상학 용어 사전을 출간한 바 있다. 그는 일본에서 열린 현상학 국제 심포지엄에도 참가했고 일본의 현상학 연구 수준이 높다는 것을 잘 알고 있기 때문에, 이 사전에는 현상학 용어의 일본어 번역을 독일어, 영어, 프랑스어 번역과 함께 싣고 있다. 집필 중 루뱅대에 있는 후설 문고의 허가를 얻어서 아직 미출간된 후설의 초고를 이용할 수 있었다고 한다. 이러한 비길 데 없는 노력에 힘입어 이 사전은 폭넓게 이용되었고, 개정판까지 나왔다. 중국 현상학 연구의 발전에 크게 기여한 기본 서적이 된 것이다.

이러한 진전에도 불구하고 후설 저작 가운데 중국어 번역이 이루어진 것은 주로 1960년대와 1970년대 『후설 전집』에 들어가 있는 도서 목록에 한정되었고, 여전히 후설 현상학의 전모를 알기에는 부족함이 있을 뿐만 아니라 세계 현상학 연구의 흐름에도 뒤처져 있었던 것은 사실이다. 이러한 상황을 개선하기 위해 21세기에 들어와서 니량캉은 중국 현상학계의 중견과 신진 학자들을 모아서 아직 번역되지 않은 후설의 대표작을 중심으로 번역 작업에 착수했고, 최종적으로는 20권에 가까운 『후설 문집』 편찬을 완성했다. 구체적으로는 현상학의 방법론, 시간의식과 공간의식, 현상학적 윤리학, 현상학적 심리학 등 후설이 가장 관심을 두었던 테마를 중심으로 취사선택했으며, 후설이 생전에 정식으로 발표한 글·서평·보고 등도 3권으로 정리해 출판했다. 2007년부터 지금까지 이어지는 이 번역 프로젝트가 완성되는 날 후설의 현상학은 중국 독자가 접근하기에 좀더 쉬운 학문이 되리라고 기대할 수 있을 것이다.

현상학과 유식론, 마르크스주의

이러한 번역 작업과 동시에 후설 현상학에 관한 저서나 논문도 다수 출간되어 인문과학, 사회과학에 대한 영향력도 나날이 증대되었다. 또한 후설의 현상학을 직접 대상으로 하는 연구 외에 다른 측면의 접근도 이루어졌다. 그 가운데 특히 주목되는 것은 불교의 유식론唯識論과 현상학의 관계에 대한 연구다.

유식론의 구체적인 유파로는 법상종法相宗이 있는데, 유식론과 현상학과의 관계에 주목한 것은 그다지 새로운 일이라고 할 수 없다. 일본이나 서양에서도 이러한 연구를 진행하는 학자는 찾아볼 수 있다. 현상학이 새로운 철학 사조로 알려지는 것과 거의 같은 시기에 유식론의 부흥이 제창되었다고 한다. 현재 국제적으로 잘 알려져 있는 현상학자 가운데 이 둘의 관계를 연구하는 학자가 있다. 예를 들면 앞서 I. 케른이 대표적이다. 그는 2010년에 양명학에 대한 두툼한 저서를 낸 적이 있을 정도로 중국어와 중국 철학에도 정통한 현상학자인데, 서양에서는 매우 드문 사례다. 그의 지도하에 현상학을 배운 중국의 현상학자 중에는 스승의 영향도 엿보이지만 유식론과 현상학을 비교 연구하는 학자도 나왔다. 니량캉 역시 이러한 관심 속에서 유식론과 현상학의 관계에 주목하고 유식론 고전에 대한 주석에 착수하기도 했다.

중국 현상학 연구의 진전에 커다란 공헌을 한 바 있는 I. 케른의 말을 빌리자면 문화가 다른 지역의 철학은 같은 철학 문제를 놓고 비교하거나 융합하는 것이 가능하다. 잠재의식에 관한 유식론의 이론을 중시한 그는 현상학자가 거기에서 배울 게 많다고 생각했고, 현상학과 유식론이 함께 의식이라는 최대의 수수께끼를 해결하기 위해 노력할 수 있다고 말한다.[50] 그리고 이러한 문제의식은 중국의 현상학자들도 공유하고 있다.

오늘날의 중국에서 현상학 수용을 생각할 때 나아가 또 한 가지 염두에 두지 않으면 안 되는 사실이 있다. 이는 역시 마르크스주의다. 마르크스주의와 현상학은 어떠한 관련을 맺을 수 있을까. 이것도 중국 현상학자의 입장에서는 중요한 과제 중 하나인 듯하다. 니량캉은 『현상학과 그 영향』에서 하버마스를 비롯한 서구 마르크스주의의 대표적인 철학자와 현상학이 맺는 관계를 다루었다. 중국의 마르크스주의와 현상학의 관계 연구는 주목할 부분이 있다. 하이데거, 메를로퐁티, 사르트르, 리쾨르 등 현상학의 대가들도 마르크스주의와 여러 형태로 사상적 대화를 하고 있었고, 밀접한 연관을 맺고 있었던 것이 사실이기 때문이다. 뿐만 아니라 니캉량은, 중국이 이제부터 새로운 철학을 만들려면 마르크스주의와 중국 철학이라는 두 철학의 협력이 반드시 필요하다고 보았다.[51] 그는 현상학이 세계관이 아니라는 후설·하이데거의 주장도 소개하고 마르크스주의와 현상학은 반드시 대립관계가 아니라, 오히려 이론과 실천 문제 등을 생각할 때 서로 협력하고 보완하는 것이 필요하다고 지적했다. 이는 중국의 현재 상황에 입각한 발언이라고 봐도 좋을 것이다.

지금까지의 고찰에서 밝혀졌듯 중국의 후설 현상학 수용은 착실히 진전되었고, 사상계에서 그 존재감과 영향력을 증대시켜왔다. 현상학 소개에 있어 가장 큰 공헌자인 니량캉의 분석에 따르면, 현상학의 잠재적인 방법론적 특징과 이론적 효과는 오늘날 한자문화권에서 시대와 지역을 초월한 전승력을 증명하고 있다고 한다. 현상학의 등장은 조금 늦어졌지만 그 영향력은 앞으로도 오래 지속될 것임에 틀림없다.

엄청난 인기를 끄는 '하이쉐': 하이데거의 재등장

하이데거의 중국어 표기 방식으로 정착된 것은 '하이더걸*海德格爾*'이다. 이는 독일어 발음에 가까운 음역*音譯*이라고 할 수 있다. 1990년대에 들어와서부터 하이데거 철학을 연구하는 중국 연구자가 점점 많아졌고 후설의 연구를 넘어서는 기세와 규모를 지니기에 이르렀다. 그 때문에 중국 학계는 하이데거 철학 사상에 관한 학문을 '하이쉐海學'라고 부르기에 이르렀다. 중국에서 하이데거의 인기가 얼마나 높았는가를 독자 여러분도 여기에서 충분히 상상할 수 있을 것이다.

앞서 서술했듯 1980년대에 이미 하이데거의 『존재와 시간』이 중국어로 번역되어 놀라울 정도의 판매 부수를 올린 바 있다. 그러나 같은 시기 일본과 비교하면 중국의 하이데거 연구는 아직 시작 단계에 있었기 때문에, 그의 주저인 『존재와 시간』을 제외하면 하이데거 저서의 중국어 번역은 나와 있지 않은 상태였다. 본격적인 번역과 연구는 후설과 마찬가지로 1990년대에 들어와서 많아졌던 듯하다.

이 시기 하이데거 저작의 번역을 개관해보자. 니량캉과 어깨를 나란히 하는 하이데거 번역자로는 상하이 통지 대학同濟大學(독일인 의사에 의해 약 100년 전에 설립된 의학교가 전신. 지금은 독일 사상 문화 연구의 거점 가운데 하나) 교수인 쑨저우싱孫周興을 꼽을 수 있다. 루쉰과 동향[저장 성 사오싱紹興]으로 1963년에 태어난 그는 현대 중국의 하이데거 철학 번역과 소개에 있어 최대 공로자라고 해도 과언이 아니다. 그는 하이데거의 『이정표』『숲길』『니체』등을 단독으로 번역했을 뿐만 아니라 100만 자에 달하는 상하 2권으로 이루어진 하이데거 선집에 대한 번역 작업에도 착수해 중국의 독자를 위해 신뢰할 수 있는 역서를 여러 권 펴냈다.

쑨저우싱은 후기 하이데거 연구로 박사학위 논문을 제출했기 때문에(앞서 서술한 하이데거의 제자 슝웨이도 심사위원으로서 그의 논문을 높이 평가했다), 하이데거 철학 전체에 걸쳐 매우 깊은 이해를 지니고 있는 연구자다. 그런 이유에서 그가 출판한 하이데거 번역의 질도 매우 높다고 볼 수 있다. 쑨저우싱의 번역 작업 외에 슝웨이 등이 번역한 『형이상학 입문』도 출판되었고, 최근에는 『현상학의 기본 문제』 등 중요한 저작도 젊은 연구자에 의해 번역되어 중국어로 된 하이데거 저작이 제법 많아졌다.

책 번역과 함께 하이데거에 관한 다수의 논문이나 저작도 출판되어 양적인 면에서는 후설에 관련된 연구를 초월한 것이 현재의 상황이다. 다른 인문학 부문에서도 하이데거의 철학이 이용되고 있기 때문에 자연히 일대 세력을 형성했다. 중국에서 '하이쉐'의 발전은 최근 20여 년에 걸쳐 현대 사상을 수용하는 과정에서 하나의 전형이라고 할 수 있을 것이다. 이 새로운 수용의 일단을 엿보기 위해 하이데거 철학에 대한 연구와 중국 사상과의 비교 연구 두 가지 측면에서 초점을 맞춰, 하이데거 철학의 수용과정을 고찰해볼 필요가 있다.

하이데거 철학 그 자체를 연구 대상으로 삼은 연구로는, 필자가 아는 한 하이데거의『존재와 시간』번역자의 한 사람인 천자잉陳嘉映(비트겐슈타인의『철학적 탐구』의 번역자이기도 하다)이 쓴『하이데거 철학 개론』[52]과 쑨저우싱의『말할 수 없는 신비를 말하다: 하이데거 후기 사상 연구』[53]가 전문가들 사이에서 높은 평가를 받고 있으며, 오늘날 하이데거 연구를 대표하는 역작이다.

천자잉의『하이데거 철학 개론』은 중국에서 최초로 하이데거 철학 전체를 다루었기 때문에, 하이데거 원전에 따라서 그 철학을 소개하고 논평한 저작으로 평가되고 있다. 저자 자신이『존재와 시간』의 번역으로 고투했던 경험이 있기 때문에 될 수 있는 한 하이데거 철학을 곱씹은 뒤 독자들이 알기 쉬운 말로 표현했다. 하이데거의 생애를 간단히 소개한 뒤 '존재로 가는 길' '현존재' '시간' '진리' '예술' '언어' '역사로서의 존재' 등으로 나누어서 하이데거가 행한 작업의 전체 상을 요령 있게 서술하고 있기 때문에 하이데거 사상에 익숙하지 않은 사람들도 이 책을 읽으면 그의 사상 전모를 개관할 수 있는 것이 특징이다. 또한 노자老子 등 고대 사상가들에 대한 언급도 있는데, 천자잉은 스승 숑웨이와는 달리 동양 철학과 하이데거 철학의 관련에 이렇다 할 강한 관심을 갖고 있지 않은 듯하다. 필자가 보기에는 '동양적 성인'처럼 하이데거의 이미지를 만들고자 하는 중국 연구자가 많은 가운데 안이한 비교철학적인 방법을 취하지 않고 천자잉처럼 우선 하이데거는 무엇을 말했는지, 무엇을 생각했는지에 대해서 정확히 고찰하는 것이 하이데거 철학의 건전한 수용에 필요하지 않은가 하고 생각한다.

하이데거와 동양 사상과의 관련성

천자잉의 하이데거론과 대척점에 있는 것이 주로 후기 하이데거 사상을 연구하는 쑨저우싱의 『말할 수 없는 신비를 말하다』이다. 저자에 따르면 그는 이 책을 통해 "후기 하이데거의 사상을 체계적으로 정리하고 재구성하여 이에 따라서 언어와 존재라는 하이데거 사상의 중요한 테마를 밝히는 동시에 서양 형이상학의 전통을 초월하기 위한 그의 사상적 노력이 갖는 깊은 의미를 확실히 하고자"[54] 했다. 하이데거가 철학적 '전향'을 했는가의 여부를 둘러싸고 전문가들 사이에서도 의견이 갈리고 있지만, 이 책의 저자는 『존재와 시간』이 대표하는 후기 하이데거의 사상이 전통적인 서양 형이상학에 대한 철저한 비판이 될 수 없다고 보는 입장에 서서, 후기 하이데거 철학에서 '철학적 전향'을 발견할 수 있다고 주장한다. 이 전향 때문에 하이데거가 되돌아간 것은 초기 그리스 사상이라고 한다.

쑨저우싱은 하이데거와 중국 학자가 공동으로 『노자』를 번역했다는 사실을 언급한 뒤 후기 하이데거 철학 속에는 중국 전통 사상인 '도道' 개념으로부터 영향을 받은 흔적이 발견된다고 주장한다. 설령 그렇다고 해도 하이데거는 서양 형이상학의 전통을 넘어서기 때문에 동양 사상에서 구원을 바라는 것은 아니라고 하면서, 쑨저우싱은 하이데거에 대한 동양 사상의 영향을 과대평가하는 것을 경계하고 있다.

후기 하이데거 철학에 관한 연구를 통하여 저자는 후기 하이데거의 이러한 노력이 오늘날 세계적인 관점에서 비非서구중심주의의 문화 연구를 위한 새로운 가능성을 제고하고 중국 사상의 르네상스를 위한 중요한 계기 또한 마련해줄 수 있다고 보았다. 이 저작을 읽고 필자가 감탄한 것은 실로 면밀하게 텍스트를 분석하고, 하이데거 철학의 개념에 대한 정치한 어원적 검토를 통해 그의 사상세계를 밝히고자 한 본격적인 자세다. 쑨저우싱과 같은 학자의 엄밀한 독해로 인해 중국 하이데거 연구 역시 착착 진전되어 사상계 전체의 하이데거 이해 역시 국제 학계 수준에

한 걸음 한 걸음 다가서고 있다는 인상을 준 훌륭한 저작이다.

앞서 서술한 두 사람의 대표적인 하이데거 연구자 외에도 하이데거 철학과 중국 전통 사상에 중점을 두고 연구하는 학자도 있다. 그 가운데 한 사람인 베이징대 장샹룽張祥龍은 동양 사상, 특히 중국 고대 사상 연구와 종합하는 형태로 하이데거 철학을 탐구하고 있다. 구체적으로 방법론에서는 하이데거 철학의 단순한 개념 분석이 아니라 철학사, 신학해석학, 하이데거 철학의 변천 및 하이데거의 문체 등을 종합적으로 파악하고 있다. 한편 중국 철학에 대해서는 서양 의학의 법칙으로 한방 의학을 정리하는 등의 연구 방법을 거부하고 있다. 그에 따르면 이러한 방법으로는 진정한 의미에서 동서양 대화가 불가능하고, 중국 사상 고유의 활력을 질식시켜버릴 수밖에 없기 때문이다. 요컨대 지금 존재하고 있는 어떠한 개념이나 철학의 입장에 얽매이지 않고 고대 문헌을 독해하여 구성적인konstituierend 이해를 해야 한다는 입장을 취하고 있다. 이로써 고대 사상세계에 대한 열린 시야를 확보할 수 있고, 완전히 객관적이지도, 그렇다고 완전히 주관적이지도 않은 좀더 근원적인 이해의 자세를 얻을 수 있다는 것이 장샹룽의 주장이다.[55]

장샹룽은 그의 저서 『하이데거 사상과 중국의 천도天道』에서 하이데거 철학을 개관한 뒤 서양 사상, 인도 사상 및 중국 사상이 지닌 각각의 특징을 언급했고, 마지막으로는 하이데거 사상과 중국 천도관天道觀을 비교하고 있다. 장샹룽에 따르면 둘 사이에는 공통되는 부분이 있으며 서양 사상은 하이데거 철학에서 미증유의 변화가 일어났고, 이를 매개로 중국인은 서양 사상에 도달할 수 있다고 한다. 이 저작 전체를 논평하는 데는 중국, 서양, 인도에 걸친 학식이 필요하기 때문에 필자로서는 매우 힘겨운 일이긴 하나, 중국 사상과 서양 사상의 대화를 제창하는 관점이나 비교 사상 연구에 관한 유연한 방법은 크게 주목할 만한 가치가 있다.

—

가다머와 '실천지實踐知'

가다머는 하이데거의 가장 유명한 제자 가운데 한 명이다. 그 자신은 중국에 대해서 별다른 관심이 없었지만 실은 중국에 매우 커다란 영향을 미치고 있다. 1980년대 가다머의 논문집『이론의 찬양』이나『과학 시대에서의 이성』[56]이 번역되면서 사상의 쇄국 상태가 풀린 직후의 중국에서 가장 일찍 관심을 보인 철학자 중 한 사람이 되었다. 가다머에 대한 연구와 수용이 후설이나 하이데거와 같은 규모라고는 할 수 없지만, 가다머의 주저『진리와 방법』을 겨우 중국어로 읽을 수 있게 된 것은 21세기에 접어들기 직전인 1999년이었는데,[57] 그 뒤 오늘에 이르기까지 가다머에 대한 연구도 착실히 진전되고 있다. 그런데 가다머의 수용은 현재 중국 사상의 상황에서 어떠한 의미가 있는가, 이 점을 오늘날 중국 인문과학계 전체와의 관련 속에서 고찰해보고자 한다.[58]

가다머가 『진리와 방법』 등을 통해 일관되게 반대했던 것은 자연과학의 지배적인 방법론이다. 과학에 반대하는 것이 아니라, 그 과학적 방법 '만능론'에 이의를 제기한 것이다. 이에 따라 중국 학계는 데카르트류의 이성주의와는 다른 또 하나의 서양 철학 전통이 존재한다는 것을 배우게 되었다. 즉 고대 그리스에서 시작된 '실천지實踐知'(실천이성)의 전통이다. 실천이성의 전통이라고 한다면 이는 중국에서도 유교를 비롯하여 유사한 전통이 오랫동안 이어져왔기 때문에, 이러한 가다머의 사상은 중국의 사상전통과도 대화 가능하다고 공명을 불러일으켰음에 틀림없다. 예를 들면 가다머의 해석학적 방법은 중국의 전통 사상에서 중요한 위치를 차지해왔던 해석의 전통과도 어느 정도 유사성이 있다.

철학에서 언어의 역할을 중시하는 관점, '지평의 융합'이라는 키워드, 사상과 문화에서 전통의 의미를 둘러싼 여러 가지 고찰 등 가다머의 사상은 중국 사상계에 많은 측면에서 충격을 끼쳤던 것이다. 1990년대에 들어선 이후, 1980년대에 대한 반동이라고 할까, 중국의 전통문화에 대한 강렬한 비판에서 급선회하여 전통문화의 중요성을 제창하는 목소리가 날이 갈수록 강해지는 가운데, 가다머의 철학적 해석학은 전통을 옹호하는 무기로도 사용되었다. 다만 가다머가 옹호했던 전통과 중국의 해석학은 분명히 다르다는 사실을 간과해서는 안 될 것이다. 서구중심주의로부터 이탈을 바라는 중국 학자들로서는 가다머의 철학을 자신들의 전통 해석을 위해 이용할 수 있을 것인가, 그리고 다른 전통 해석을 어떠한 기준으로 판단해야 할 것인가를 둘러싼 문제를 간단히 해결할 수 없다.

—

더욱 진전되고 있는 현상학 수용과 연구

지금까지 후설, 하이데거를 중심으로 최근 중국에서 벌어진 현상학의 수용을 개관했는데, 물론 여기에서 제시된 것들이 그 전부라고는 할 수 없다. 막스 셸러나 메를로퐁티, 레비나스 등은 그 대표작이 속속 번역되어, 중국 학계에서 단순히 이름만 알려진 존재가 아닌, 중국어로도 읽을 수 있는 친근한 사상가가 되어가고 있다. 이러한 동향에 대해서는 지면의 제한도 있어서 모두 다룰 수는 없지만, 전면적인 현상학의 수용이 이루어지고 있는 것이 현재 중국의 상황이라고 할 수 있다.

또 한 가지 주목해야 할 현상은 세계의 현상학 학계와의 교류도 빈번하게 이루어지고 있다는 점이다. 앞서 서술한 『중국현상학과 철학평론』에는 I. 케른과 같은 세계적인 현상학자나 일본 혹은 한국의 저명한 철학자의 논고도 게재되어 있는데, 이는 중국의 현상학 학계가 개방되어가고 있음을 여실히 말해준다.

니량캉에 따르면 오늘날의 시대는 중국 철학 입장에서는 아직 힘을 축적해야 할 단계이며, 독창적인 철학을 만들어낼 수 있는 시대는 아니다. 이것이 현재 상황이라면 우리가 기대할 수 있는 것은 현상학을 비롯한 현대 사상이 중국에서 더욱 본격적으로 소화되는 것이고, 그것이 이후 중국 철학에서 어떠한 형태로 효과를 발휘할 수 있는가는 현시점에서는 미지수일 수밖에 없을 것이다. 그러나 이질적인 사상이 서로 부딪치면서 새로운 사상이 생겨날 가능성은 매우 커지고 있다. "사상事象 그 자체에 대해서"라고 하는 자세가 중국 철학 사상의 발전에 귀중한 자극을 주고 있는 것은 틀림없다.

리쾨르와 레비스트로스

: 프랑스 노대가의 본격적인 등장

20세기 프랑스를 대표하는 철학자 가운데 폴 리쾨르는 푸코나 데리다처럼 하나의 철학 유행을 만들어내거나 한 시대를 풍미한 유형이라고는 할 수 없다. 하지만 유럽 대륙의 철학 전통과 영미 언어철학 등의 전통을 폭넓게 계승하면서 독자적인 철학을 집대성한 철학자로 널리 알려져 있고, 그 폭넓은 시야나 박식함은 발군으로 정평이 나 있는 학자다. 그가 유네스코의 의뢰를 받아 쓴 현대 철학의 학파들을 소개한 『현대 철학』은 비교적 이른 시기에 중국 대륙에 소개된 바 있고, 1988년에 중국어로 완역되었다.

『해석학과 인문과학』59도 같은 시기에 중국어 번역이 나와 매우 호평을 받았다. 특히 『현대 철학』은 사상세계의 항해도와 같은 책으로, 선진 서양 학계와 막 교류를 재개하기 시작했던 중국 학계로서는 현대 서양 철학 사상의 발전을 살필 수 있는 최적의 저작이었다. 그 후에도 그의 대표적인 저작, 예를 들면 『살아 있는 은유』나 『시간과 이야기』60 등도 중국어로 번역돼 나왔고 오늘날에도 서서히 그 영향력을 넓혀가는 중이다.

중국의 리쾨르 수용 가운데 필자가 무엇보다도 중요하게 꼽는 것은 1999년 그가 무려 86세라는 고령에도 불구하고 중국을 방문해 베이징대와 중국사회과학원에서 학자들과 교류를 가졌다는 점이다. 실은 40년 전에도 중국을 방문하여 새로운 사회주의 국가인 중국에 대해서 커다란 관심을 갖고, 르네 뒤몽 등의 프랑스 지식인과 함께 6주간이나 체재한 적이 있으며, 방문 기간 마오쩌뚱이나 저우언라이周恩來 등 중국의 수뇌부와 만나기도 했다.

리쾨르 자신이 스스로 중국을 방문하여 자신의 사상에 관심을 갖고 있는 사람들과 교류한 것은 20세기 중국 사상사에서 중요한 한 페이지로 기억될 것이다. 1920년대 전후로 러셀이나 듀이가 중국을 방문한 이래, 그때까지 반세기 이상 세계적으로 저명한 철학자가 중국을 찾아온 일은 거의 없었기 때문이다. 이 책에서는 리쾨르의 철학적 해석학이 어떻게 수용되었는가보다도—그것도 중요한 일이지만 유감스럽게도 본격적인 연구는 아직 미흡한 현실이다[61]—리쾨르라는 '본존本尊'이 중국에 와서 어떻게 교류하고 그가 중국 사상의 어떤 면에 관심을 갖고 있었는가를 서술하는 쪽이 더 흥미로울 것이다. 이는 바로 살아 있는 사상 교류이며, 동서 철학이 서로 직접 부딪치는 사상의 워크숍이었다. 이 책에서는 리쾨르가 중국을 방문했을 때의 강연록[62]에 따라서 그의 마지막 중국 방문을 회고하고자 한다.

'정의와 보복'

리쾨르의 첫 강연은 청중으로서는 예상외의 것이었다. 대다수 청중은 현상학과 서양 철학의 현상에 대해서 듣고 싶었을 테지만, 베이징대 철학부에서 그가 강연했던 테마는 '정의와 보복Justice et Vengeance'이었다. 이는 그가 만년에 가장 관심을 가졌던 문제 가운데 하나였다. 같은 날 오후, 리쾨르는 베이징대 철학부의 학생이나 교원과 오전에 했던 강연을 둘러싼 좌담회를 진행했다. 이 기록의 제목은 '모럴에서 제도로'[63]였다. 이 좌담회에서는 리쾨르와 중국 학자 간에 불꽃 튀는 논의가 이어졌다. 논점은 우선 사형제도에 대한 것이었다.

리쾨르는 서구의 사형 폐지를 변호하는 입장에 섰지만, 중국의 학자는 중국 사정에 비추어 시기상조라고 반론했다. 리쾨르는 사형이라는 '위협'이 사회의 정신분석에서 효과를 발휘한다는 점이 입증되지 않았을 뿐만 아니라, 사형이 폐지된 나라들에서 범죄가 증가한다는 증거도 없다고 했다. 리쾨르의 반론에 대해서 이의를 제기했던 사람은 중국과 서양의 사회경제적 발전 수준이 다르기 때문에 견해도 다를 수 있다고 주장하고, 세계적인 철학자 앞에서 결코 한 걸음도 물러서지 않았다.

논의가 계속됨에 따라 리쾨르를 '슬프게 만들었던' 장면도 있었다. 그가 사법제도에서 재판관의 역할 및 사형에 관한 견해를 밝혔을 때, 어느 철학 연구자가 이를 두고 현대 중국인의 입장에서 보자면 매우 동떨어진 세계의 이야기처럼 들린다고 감상을 토로했던 것이다. 이에 대해서 리쾨르는 자신이 논의하고 싶었던 것은 법률 내부의 법률 경험이고, 이 점에 관해서는 국가의 사변과 실천 사이에 당신이 말한 것보다도 더 많은 유사성이 있다고 주장했다.

서양 문화의 두 경로인 헬레니즘과 헤브라이즘은 법적 소송과정보다 좀더 근본적인 차원에서 우리에게 정의에 관한 개념을 가르쳐준다. 이는 그리스의 고전 비극이나 철학 혹은 유대교의 십계명 등에서 발견되는 정신이다. 리쾨르가 강조하고 싶었던 것은 그가 관심을 갖고 있던 문화의 기초였고 완전히 형태가 정해진 현대적인 형식은 아니었다. 이런 관점에서 그는 인간사회의 충돌에 관한 공정한 해결 방식과 인간과 인간의 존중 문제를 생각하려고 했던 것이다.

리쾨르에 따르면 프랑스의 저명한 철학자이자 중국 사상 연구의 중진이기도 한 프랑수아 줄리앙 등의 뛰어난 연구를 통해 그는 서양의 사상 전통과 공자나 맹자와 같은 고대 중국의 사상가 사이에 유사성이 있음을 알고 매우 놀랐던 적이 있다. 예를 들면 리쾨르는 부자관계라든가 국왕과 신민의 관계 등에서, 전혀 위화감을 느낄 수 없을 정도였다고 언급했다. 이러한 생각이 배경에 있었기 때문에 리쾨르는 중국 연구자가 자신의 강연에 거리감을 느꼈다고 논평했을 때 매우 슬퍼했던 것이다.[64]

좌담회 마지막에서 리쾨르는 인류의 근본적인 문제, 생활 속 인간관계라는 차원에서 생각한다면 서양도 동양도 모두 기본적인 문제에 직면할 것이라고 말한다. 그는 어떠한 역학관계가 불평등한 상황을 존엄이 있는 평등한 관계로 탈구축할 것인가, 이는 우리 모두의 문제라고 지적하면서 말을 끝맺었다.

좌담회 기록을 읽으면서 필자가 매우 흥미로웠던 것은 참가했던 중국 측 철학 연구자가 사형이나 정의 등의 문제를 둘러싸고 일방적으로 리쾨르의 발언을 경청했던 것이 아니라 반론을 표명해서 그를 '슬프게 만들었'던 대목이다. 의견이 달라도 서양 철학을 대표하는 일급 철학자와의 직접적인 교류는 매우 유의미한 것이었으리라. 리쾨르가 지적하듯 오늘날 국제법상의 분쟁(전쟁이나 민족의 불평 등)에만 주목하는 것이 아니라, 좀더 근본적인 인류의 생존 방식, 윤리의 문제를 사고하는 것도 중요하다. 이것이야말로 다름 아닌 철학이 지닌 본래의 사명일 것이다.

현상학 대가의 강의

리쾨르는 후설의 주저를 프랑스어로 번역했던 유명한 현상학자이기도 하므로 현상학에 대해서도 활발하게 논의를 전개했다. 현상학을 중심으로 논의가 펼쳐진 것은 "이중의 독자가 되자"라는 타이틀이 붙은 좌담회였다.[65] 이 좌담회에서 리쾨르는 현상학이라는 용어에서 이야기를 시작한 뒤, 현상학의 사명이나 방법 등에 대해 말하고, 후설이나 하이데거의 차이에 대해서도 언급하면서 흥미로운 논평을 남기고 있다.

그가 보기에는 하이데거가 나타남으로써 새로운 역사가 시작되었다. 왜냐하면 후설과는 달리 하이데거는 하루가 다르게 진보하는 과학과의 대화를 중단하고 서양 형이상학 전체와 대화를 시작했기 때문이다. 후설이 관심을 가진 것은 과학주의와 실증주의의 문제였고, 어떻게 실증주의의 지각知覺을 구출할 것인가였다. 하이데거로서는 시간의 문제가 가장 중요했는데, 그는 형이상학과의 논전을 전개하면서 플라톤, 데카르트, 특히 헤겔 등과의 사상적인 대화를 시도했다. 그러나 이러한 논의가 이루어지는 가운데 현상학의 가장 중요한 부분이 점점 망각되고 있다고 주의를 촉구했다. 그의 말에 따르면, 데리다도 찬성할지 모르지만, 우리는 하이데거에 완전히 빠져서는 안 된다는 것이다. 하이데거는 20세기의 가장 위대한 철학자이지만 우리는 정확하고 계통적인 사유의 전통도 잊어서는 안 된다. 후설이야말로 바로 '정확한 정신'의 체현자였다. 그렇더라도 어느 한쪽과만 관련을 맺어야 하는 건 아니다. 후설과 하이데거 철학 양자 모두에게 배워야 한다고 리쾨르는 말했다. 이것이 '이중 독자'의 의미인 것이다. 이는 현상학 연구가 아직 일천한 중국 학계에 대한 충고였다.

나아가 후설과 하이데거에 대해서 리쾨르는 다음과 같은 비교를 계속 진행했다.

하이데거의 철학은 횔덜린 시에서 강한 영향을 받았습니다. 이는 확실히 파천황이라고 할 수 있습니다. 다만 우리는 다시 한번 다음과 같은 사실을 반복하고자 합니다. 후설의 성실한 정신, 그의 간결함은 하이데거의 웅변과 비교하면 매우 귀중한 것입니다. 마지막으로, 후설의 미발표원고를 번역한 뒤 저는 이것이 드넓은 세계라는 것을 알게 되었습니다. 이들 원고는 상상, 기억, 관념 등의 현상에 대해서 정치한 분석을 행했습니다. 이러한 의미에서 하이데거 철학을 이미 완성된 하나의 전당에 비유할 수 있다면, 후설의 철학은 건축 현장이라고 할 수 있습니다.[66]

이렇게 말한 뒤 리쾨르는 시간의 문제에 관해서는 하이데거 쪽이 후설보다 훨씬 더 깊은 인식을 갖는 데 비해 지각, 형상, 표상 등에 관해서는 후설 쪽이 누구도 대신할 수 없는 중요성을 지니고 있다고 덧붙였다. 이 좌담회는 중국에서 현상학에 대한 이해를 심화시키는 데 둘도 없는 일급 강의였다고 할 수 있다. 특히 후설과 하이데거의 중요성을 동시에 지적한 점은, 하이데거의 팬

이 많은 중국 학계로서 매우 유익했다고 할 것이다.

미수米壽에 가까웠던 리쾨르는 노익장을 발휘해서 정력적으로 강연회와 좌담회를 순회했다. 베이징대에 체류하는 사이 그는 베이징대 철학부 교수이자 저명한 불교 연구자이기도 한 러우위리에樓宇烈와도 대담을 나누었는데, 리쾨르는 이 만남을 높이 평가했다.[67] 서로 다른 사상 전통이 부딪치면서 간절한 지적 교류가 두 사람 사이를 가득 채웠던 것이다.

리쾨르는 2005년에 이미 고인이 되었지만, 그의 스케일 큰 철학 사상은 대다수 중국 사상 연구자에게 공명을 불러일으켰고 수용되었다. 뒤에 서술할 데리다나 하버마스가 중국을 방문했을 때처럼 선풍을 불러일으키지는 않았지만, 그의 인품과 마찬가지로 그의 사상은 조용히 중국에 침투했던 것이다.

—

레비스트로스에 대한 뜨거운 시선

레비스트로스가 일본에 많은 관심을 가졌던 사실은 잘 알려져 있다. 일본을 여러 번 방문했을 뿐만 아니라, 마루야마 마사오나 야마구치 마사오를 포함한 일본을 대표하는 지식인과도 교류했다. 이와 대조적으로 중국에 대해서는 그 정도의 관심을 갖지 않았던 듯하다. 레비스트로스는 탁월한 중국 문화 연구자인 마르셀 그라네(1884~1940)[68]의 작업을 통해서 중국 문화를 이해했다고 한다. 드니 베르톨레의 새로운 전기에 따르면 그라네의 『고대 중국에서의 혼인과 근친관계』가 나온 직후 레비스트로스는 이 책을 읽었다고 한다. 사회학자이기도 한 그라네의 이 저서는 친족관계에 관한 레비스트로스의 사고의 원점이 되었고, 연구 방향이나 방법론적인 면에서 많은 영향을 끼쳤다고 한다. 그러나 프랑스를 대표하는 중국 문화 연구자의 명저로부터 중요한 것을 배웠음에도 불구하고, 어째서 문화적인 측면에서 일본과 공통점이 많은 중국에는 그 정도의 관심을 보이지 않았던 것일까. 중국 학자들 중에도 이 점을 불가사의하게 생각하는 사람들이 있다. '짝사랑'이라고나 할까. 실로 중국 학자들은 일찍부터 이 위대한 인류학자의 작업에 관심을 가졌다. 예를 들면 앞서 나온 첸중수 역시 그런 사람 가운데 하나였다. 레비스트로스와 동시대인으로 청년 시절 파리에 유학한 바 있던 첸중수는 항상 서양 인문학계의 동향에 주목했다. 그는 일본 사상가인 하야시 다쓰오林達夫(1896~1984)와 매우 닮은 면이 있다.

1980년대에 J. 브뤼크먼의 『구조주의: 모스크바, 프라하, 파리』라는 구조주의를 소개하는 얇은 책이 중국어판으로 간행되었다.

이 책은 오늘날에도 중판을 거듭할 정도로 매우 좋은 구조주의 입문서였다. 번역자는 독학으로 영어, 독어, 불어, 일어, 러시아어 5개 국어를 터득한 서양 사상 연구자인 리유정李幼蒸(1937~)이었다. 그의 회상에 따르면 1970년대에 우연히 소련 학자가 쓴 논문을 읽고 레비스트로스의 이름을 알게 되었다고 한다. 입수 가능했던 여러 문헌을 섭렵하면서 그는 구조주의의 중요성을 일찍부터 이해하고 재빨리 번역에 착수했다. 그 뒤에는 『야만적 사고』[69]의 번역에도 착수했지만, 당초에는 유일하게 입수할 수 있었던 영어판을 사용하여 중국어로 번역했다.

리유정은 외국인과의 교류에 많은 제한이 가해졌던 시대를 살고 있었음에도 매우 대담하게 번역에 나섰다. 실제로 레비스트로스 본인에게 『구조주의: 모스크바, 프라하, 파리』와 그에 관해 썼던 논문을 편지와 함께 보냈다고 한다. 리유정으로서는 원래 답장을 기대하지 않고 보낸 것인데, 예상외로 레비스트로스로부터 직접 답신을 받았다. 이는 당시 쇄국 상태에서 막 개방되기 시작한 중국에서는 기적이라고 해도 좋을 사건이었다. 이 답신에는 중국 학자가 구조주의에 흥미를 갖고 있는 것을 알고 레비스트로스가 매우 기뻐했다는 내용이 담겨 있었다. 또한 자신의 연구가 극동의 고대 철학으로부터 힌트를 얻었다고 쓰고 있다.[70] 이러한 서신 왕래 속에서 리유정에게 『야만적 사고』의 프랑스어 원서가 없다는 것을 알게 된 레비스트로스는 이 얼굴도 모르는 번역자에게 재빨리 원서 한 권을 보내주었다.

레비스트로스는 리유정에게 보낸 1981년 6월 12일자 편지에서 구조주의라는 용어에 대해 다음과 같이 설명하고 있다.

일반적으로 '구조주의'라고 하면 프랑스에서는 방브니스트, 뒤메질 등과 내가 대표하는 인문과학에서의 구조주의를 가리킵니다. 이를 강조하는 것이 중요합니다. 철학이나 문학 평론에서 제멋대로 쓰고 있는 '구조주의'와는 아무런 관계가 없습니다. 솔직히 말하자면 사람들이 이 용어를 함부로 사용하고 있기 때문에 (…) 나 자신은 이 용어를 사용할 때 오히려 주저하는 실정입니다.[71]

이러한 레비스트로스의 변을 읽은 리유정은 구조인류학의 거장으로부터 받은 『야만적 사고』 원서를 참조하면서 이미 완성된 번역문을 수정하여 중국어 번역을 완성할 수 있었다. 이 번역은 전통 출판 명가인 상우인서관에서 문화 붐이 한창이던 1987년에 간행되었다. 논적 사르트르의 『존재와 무』처럼 많이 읽힌 것은 아니지만, 중국에서 구조주의의 수용을 이끈 선구적인 번역 작업이었다.

—

중국은 레비스트로스로부터 무엇을 배우려 했던 것일까

레비스트로스의 저작 번역은 1990년대에도 두서너 권 나왔지만, 가장 완성된 형태로 나온 것은 2006년부터 3년에 걸쳐 출간된 전15권의 『레비스트로스 문집』(런민대출판사)이다. 이 '제11기 5개년 국가중점도서' 출판 계획에 편입된 저작집은 오늘날 레비스트로스의 중국어 번역을 가장 많이 망라하고 있기 때문에, 제4권 『신화학』을 포함한 레비스트로스의 대표작을 중국어로 읽을 수 있고 그때까지의 서평이나 귀동냥으로 레비스트로스 사상을 논평하곤 했던 시대는 가까스로 종지부를 찍게 되었다. 이는 현대 프랑스 사상가 가운데 파격적인 '후대厚待'로서 중국 출판계의 일대 사업이라고 할 수 있다.

이처럼 본격적인 저작집 번역을 수행할 정도로 레비스트로스 학문에 비교할 수 없는 호기심과 정열을 보였던 중국 인문학계는 그에게서 무엇을 배우고자 했던 것일까. 또한 레비스트로스 수용의 역사가 깊은 일본과는 어떠한 차이가 있었던 걸까. 리유정의 관련 글을 중심으로 현재 활약 중인 다른 중국 연구자의 논고도 시야에 넣고 살펴보고자 한다.

우선 리유정의 '레비스트로스의 구조주의와 중국 학문'이라는 장을 참고해보도록 하자. 여기서는 중국 학문의 입장에서 레비스트로스가 지닌 중요한 의의를 서술하고 있다.[72] 리유정은 20세기 서양 사상 중 가장 대표적인 사조로 현상학, 분석철학, 구조주의 세 가지를 들고 있다. 특히 소쉬르의 언어학에서 기원해 러시아의 형식주의나 프라하 언어학파의 영향을 받아 프랑스에서 집대성되었던 구조주의는 인문과학의 새로운 방향성을 개척했고 오늘날에도 그 가치를 잃지 않았다고 한다. 그는 현대 사상사에서 구조주의의 의의를 높이 평가한다.[73] 리유정은 자신이 부회장을 역임했던 국제기호학회IASS 연회 등에서도 구조주의가 현재 유행하는 사상은 아니지만 사상사에서의 가치는 오랫동안 눈여겨봐야 한다면서, 레비스트로스를 비롯한 구조주의에 대한 재평가를 여러 차례 호소하곤 했다.

레비스트로스 사상은 남미에서의 현지 조사에 기원을 두고 있으며 나아가 마르크스나 소쉬르, 프로이트 등의 여러 사상 자원을 탐욕스럽게 흡수하여 생겨난 것이다. 리유정이 중시하는 바는 이러한 배경을 갖는 레비스트로스 사상이 보여주었던 현대 인문과학 구조 전체에 대한 날카로운 반성과 비판이다.[74] 구체적으로 말하자면 독일 고전 철학의 형이상학과 존재론을 이론적 기초로 삼기를 거부하고, 프랑스 사회학 전통과 영미 인류학 전통을 비판적으로 계승한 점이야말로 레비스트로스가 지적 영향력을 오래 유지할 수 있었던 비결이라 보고 있다. 이러한 레비스트로스 사상을 리유정은 '학문에 관한 철학'이라 여기고 사르트르처럼 사회 변화를 목적으로 하는 '사회철학'과 대비시킨다.

리유정은 『야만적 사고』의 번역을 포함해 1980년대 자신의 구조주의를 둘러싼 작업에 대해서도 그 동기를 이렇게 설명하고 있다. "구조주의를 중국 학계에 소개한 것은 결코 서양 학문에 관한 지식을 늘리기 위해서일 뿐만 아니라, 중국 고전 문화 속 소박한 구조적 사상과 창조적인 교류가 이루어질 것을 기대하기 때문"[75]이라고 했다. 중국 고전 문화 속에 존재하는 소박한 구조적인 사고란 어떠한 것일까. 설명은 다음과 같이 이어진다.

내가 『국제기호학백과사전』(펠리칸, 1999)을 위해서 쓴 '중국 문화에서 기호의 개념'이라는 항목과 다른 관련 저술에서 서술했듯 전통적인 중국 문화와 사상에서 가장 전형적인 '구조화'의 특징(특히 이원 대립의 원칙이나 격식화된 문화 표현 원칙 등의 사고와 행위 관습이 있다)이 발견되기 때문에, 구조주의 기호학은 현대적 분석 도구의 하나로 사용하는 데 매우 적합하다.[76]

중국 전통 문학과 학문의 '텍스트 제작'이 구조적 경향을 보이기 때문에 중국 고전 학문의 근대화에 관심을 갖는 새로운 세대는 이 점에 주목해야 한다는 것이다.

리유정이 보기에 구조주의가 특히 도움이 되는 또 하나의 이유는 중국 전통 사상이나 학술 텍스트 시스템을 재표현함에 있어 어떤 역할을 할 수 있다는 데 있다. 다른 현대 서양의 철학 방법론을 도입할 경우, 여러 견해나 입장을 중국 전통 사상의 재료 가운데 끼워넣는 것이 불가피하고 그에 따라서 중국 전통과 서양 전통을 비교하기도 전에 원초적인 의미의 변화가 발생하기 쉽다. 그렇기 때문에 객관적인 비교가 이루어질 수 없다는 우려가 크다. 이 문제를 해결하기 위해 구조주의나 기호학의 수법이 불가결하다고 리유정은 오랜 비교 연구의 경험에 입각하여 지적하고 있다.[77]

실제로 리유정은 레비스트로스나 다른 구조주의의 대표적인 이론가로부터 배웠던 방법을 사용하여 중국의 인학仁學 연구에도 적용하고 있다. 그의 말을 빌리자면 그 방법은 레비스트로스의 영향을 받음과 동시에 다른 부분도 있는데, 일종의 주관적 구조주의라고 할 수 있다. 레비스트로스의 방법으로부터 배우면서 독자적으로 응용할 수 있는 길을 탐색했던 것이다.[78]

중국에서 서양의 철학 사상이 국가 권력으로부터 비판받던 시대에 리유정은 대학을 중퇴한 뒤, 사회의 아웃사이더가 되는 길을 스스로 선택하여 현대 서양 사상을 꾸준히 공부하기 시작했다. 일본어를 포함한 여러 외국어를 익히면서 연찬을 거듭한 그는 문화대혁명이 끝난 직후 계속해서 레비스트로스의 『야만적 사고』, 후설의 『순수 현상학의 이념과 현상학적 철학』, 폴 리쾨르의 『현대 철학』 및 리처드 로티의 『철학 그리고 자연의 거울』 등을 중국어로 번역했다. 이러한 의미에서 현대 서양 철학을 어떻게 흡수할 것인지에 관해 풍부한 경험을 축적해왔으며, 발언권을 충분히 지닌 인물이었다.

이미 언급했듯 그는 30년 넘게 레비스트로스로부터 지적 훈련을 받으면서 단순히 그의 사상을 수용하는 데 그치지 않고 비판적으로 수용하는 길로 나아갔다. 예를 들어 레비스트로스는 편지 속에서 자신이 말하는 구조주의는 문학 비평을 하는 사람들과는 다른 것이라고 적고 있긴 하나, 리유정은 구조주의의 발전에 관한 롤랑 바르트, 미셸 푸코, 알튀세르, 라캉의 사상도 중요하며 또한 중시해야 한다고 주장한다.

리유정의 자세는 다음과 같이 요약할 수 있다. 즉 중국의 학자들이 자신의 학문을 발전시키려면 우선 서양의 사상이나 학문을 충실히 흡수해야 하며, 그럼으로써 안이하게 중국적 전통으로 회귀하는 것을 막을 수 있다는 것이다. 동시에 서양 사상과 학문을 그대로 따르는 것이 아니라, 우리 자신이 직면한 문제를 해결하기 위해 창조적으로 활용해야 하며, 이럴 때만이 단순하게 동화되는 것도 피할 수 있다는 이야기다. 이러한 전략을 세우면서 현대 서양 사상을 연구한다면 좀더 생산적일 뿐만 아니라 다문화 간의 학술 발전에도 기여할 수 있다고 주장한다. 필자의 입장에서 보자면 이는 압도적으로 풍부한 축적을 자랑하는 서양의 철학 사상을 앞에 두고 우리가 취하기에 적합한 자세가 아닐까 싶다. 이러한 의미에서 『레비스트로스 문집』 15권의 출판은 레비스트로스 탄생 100주년을 기념하는 최고의 선물일 뿐만 아니라, 중국 사상계에도 귀중한 사상의 '이기利器'를 제공했다고 할 수 있다.

특기할 만한 것은 이 중국어판에는 레비스트로스 자신이 제공한 새로운 전기도 들어가 있다는 점이다. 이 전기를 쓴 사람은 다름 아닌 폴 발레리의 새로운 전기나 사르트르의 전기도 저술했던 드니 베르톨레였다. 그는 주도면밀한 취재와 조사를 거친 뒤 레비스트로스 사상세계의 형성을 조감했기 때문에, 그가 살았던 시대, 프랑스 지적 세계의 다양한 동향도 알 수 있다. 아카데미 프랑세즈 창설 이래 최초의 아시아계 회원인 청바오이程抱—(1929~)는 이 책을 중국 독자들이 꼭 읽어주길 바란다며 추천하기도 했다.[79]

청바오이는 롤랑 바르트를 포함한 구조주의 사상가와 많이 교류했던, 구조주의의 흐름을 잘 알고 있는 중국 출신의 학자이자 작가다. 구조주의 방법을 한시漢詩 연구에 도입했을 뿐만 아니라, 프랑스어로 소설도 썼는데, 현지에서 매우 높은 평가를 받기도 했다. 청바오이의 추천에 의해서 중국에 소개된 전기를 통해 중국 독자는 레비스트로스의 진정한 모습과 그의 사상이 어떻게 형성되었는지를 알 수 있을 것이다.

리유정은 인류학보다는 주로 철학사의 측면에서 레비스트로스의 지적 작업을 평가하고 있다. 중국의 인류학자들은 레비스트로스의 작업을 높이 평가하는 동시에 그 이론의 문제점도 지적하고 있다. 높이 평가하는 부분은 서양 문화를 보는 새로운 시점 제공, 중국 문화를 연구하는 데 매우 유익한 방법론이나 관점 제공 등이다. 반면 불만을 느끼는 점은 서양 문화의 타자를 찾으면서 어째서 문자가 없는 원시적 사회를 연구 대상으로 삼으며 중국처럼 문자가 있고 오랜 문명을 지닌 나라를 연구 대상으로 삼지 않았는가 하는 점이다. 청바오이 등 중국계 학자의 회상에 따르면 레비스트로스는 만년까지 중국 문화에 관심이 있었고, 고대 중국 문화에도 강한 흥미를 보였다고 한다. 그러나 그런 중국 문화를 공식적인 연구 대상으로 선택한 적은 한 번도 없었다. 그 까닭은 그가 이 세상에 없는 이상 영원한 수수께끼로 남을 수밖에 없다.

또 하나 그에 대한 비판은 '서양중심주의'라는 점이다. 중국 연구자들이 보면, 결국 레비스트로에게 비서양권 민족은 연구 대상으로서 외에는 특별한 가치가 없어 보일지도 모른다. 레비스트로스는 서양 문명의 오만한 일면을 통렬히 비판했지만 자신의 사상에서 서양중심주의를 완전히 불식시키지는 못했다는 것이다.

레비스트로스 서거에 즈음해 중국에서도 많은 추도문이 발표되어 그와 그의 시대를 추모했다. 프랑스 철학을 연구하는 어느 중견학자는 거장의 서거를 추모함과 동시에 중국의 한 성省의 면적에 불과한 프랑스에서 레비스트로스와 같은 대사상가를 다수 배출했다는 점을 거론하며 프랑스 문명에 경의를 표하기도 했다.

오늘날 프랑스 사상과 문화에 관심을 갖는 중국 독자는 프랑스어 원전을 읽을 수 없더라도 수준 높은 레비스트로스의 번역 저작집을 입수해 한층 더 정확하게 레비스트로스 사상을 이해할 수 있게 되었다. 탁월한 프랑스 문명과 고색창연한 중국 문명이 새롭게 접촉하면서 어떠한 산출물이 나올 것인가. 향후 그 성과 가 기대되는 바다.

푸코 수용의 '도착'과 가능성

가장 유명한 작품은 『성의 역사』인가

푸코가 죽기 직전에 집필을 계속한 『성의 역사』는 그의 대표작 가운데 하나다. 그러나 중국 독자들에게 이 작품이 가장 먼저 읽혔다는 것을 지하에 있는 푸코가 알게 된다면 틀림없이 기뻐하면서 동시에 놀라고 말 것이다. 푸코의 이 책이 중국어로 번역된 것은 1980년대 말이다. 필자도 호기심에 못 이겨 당시 한 권을 구입했지만 유감스럽게도 전역全譯이 아니고 제1권뿐으로, 불완전한 번역이었다. 하지만 그것도 없는 것보다는 훨씬 나았다. 푸코에 대한 소개나 논평은 당시 몇 가지만 나와 있는 상태였고, 읽고 싶다는 의욕만 넘쳤던 터라 완역이 아니더라도 주저의 유일한 역서가 나왔기에 푸코 사상을 일별하고자 하는 욕망이 다소 넘쳤던 것이다.

이 번역이 나왔을 때를 전후해서 『독서』에는 파리에 유학하고 있던 젊은 학자들에 의한 푸코 소개가 게재되었다. 당시의 중국 사상계는 막 세상을 뜬 푸코에 대해 호기심과 관심을 보이는 정도였다. 이는 푸코가 문제적 관심사에서 상당히 벗어나 있는 사상가로 보였기 때문이다. 이러한 상황은 잠시 지속되었지만 1990년대에 들어와서는 어느 정도 푸코 저작의 번역이 재개되어 『광기의 역사』『지식의 고고학』『감시와 처벌』과 같은 대표작이 소개되었을 뿐만 아니라, 저명한 프랑스 철학 연구자의 편집에 의한 푸코 선집도 출판되었다. 그 밖에도 디디에 에리봉의 전기 『미셸 푸코』[80]나, 앞서 소개한 중국어 번역 가운데 몇 가지를 맡았던 번역자가 쓴 푸코 해설서도 베스트셀러처럼 읽히게 되었다. 푸코 사상은 결코 간단히 이해할 수 없음에도 불구하고 그는 프랑스 본국에 뒤지지 않을 정도로 중국에서도 인기를 끌었다. 한때는 푸코가 사용한 개념이나 용어를 인용하는 것이 논단이나 학계에 유행한 적도 있다. 이처럼 푸코 붐이 일어난 시기에 베이징에 있는 유명한 민간 연구소가 신진 기예의 학자들을 소집하여 푸코와 관련한 심포지엄을 열기도 했던 것이다.

하지만 중국 학계가 도대체 어떤 이유에서 주체의 해체나 근대적인 지식의 비판으로 널리 알려진 푸코에 강한 관심을 보이게 되었는지 고개를 갸웃거리는 독자가 있을지도 모른다. 무엇보다도 중국 학계는 최근까지 근대적 주체의 확립이나 계몽의 중요성 및 근대적 지식의 도입 필요성을 소리 높여 부르짖지 않았던가? 유행의 변화란 왜 이리도 빠르단 말인가. 이 점을 생각하기 위해 푸코 사상의 어떤 점에 중국 지식인이 공명했던가를 우선 살펴볼 필요가 있다.

1990년대에 들어선 뒤, 1980년대의 계몽운동을 둘러싼 인식의 차이 등으로 인해 중국 사상의 원천에 의거한 사색이나 작업이 진행되었다. 필자가 보기에는 약간 '도착倒錯'적 현상이 일어났던 것이다. 1992년 이후 경제 발전은 이전 10년보다 더 격렬한 기세를 보였지만, 정치적으로는 오히려 별다른 논의가 일어나지 않았다. 이러한 정세 속에서 계몽 노선이 수정될 수밖에 없었던 것은 불가사의한 일은 아니지만, 그 대신 대대적으로 등장한 것은 '포스트'라는 이름이 붙은 여러 사조였다. 예를 들면 포스트구조주의, 포스트모더니즘, 포스트콜로니얼리즘 등으로 그 직전 시대에 대한 '반동'처럼 보일 수 있는 '전향'이었다.

새로운 계몽이라는 단어 사용 자체가 정치적으로 민감해진 것과 아울러서, 계몽을 반성하거나 비판하는 논조도 눈에 띄게 많아졌다. 본격적인 계몽이 실현해낸 것에 대해 아직 깊이 생각하지도 않은 상황에 이러한 반동이 생긴 것이다. '도착적'이라는 것은 바로 이러한 의미다. 결코 '포스트'가 붙은 사조를 소개하거나 연구할 필요가 없다고 주장하는 것은 아니다. 어쨌든 바로 이러한 시대를 배경으로 푸코가 일거에 중국에 '상륙'한 것이다.

물론 시대의 변화와는 별개로 푸코 사상 자체가 매력적이라는 사실도 폭넓은 수용의 원인일 것이다. 독창적인 지적 작업, 아주 특별한 관점, 전통적인 철학자와는 다른 탐구 자세, 이러한 것들이 모두 신선하게 비쳤을 것이다. 또한 무엇보다도 심상치 않은 푸코의 인생 자체도 관심을 불러일으켰다. 세속적인 인생을 거부했던 푸코는 중국 독자들로서도 불가사의한 매력을 느끼게 하는 매우 흥미로운 사상가였다. 인터넷 시대인 오늘날에 이르러서는 푸코를 소개하는 중국어 사이트까지 나타났고, 온라인으로도 '헌화'할 수 있는 사이트까지 있을 정도다.

사회과학에서의 현저한 수용과 발전

중국 학계에서 푸코가 수용된 양태를 구체적으로 살펴보면 푸코 사상에서 주체성의 문제나 권력론 등을 주제로 많은 논의가 나왔다. 각각 중국 학계와 사회과학계(중국에서는 철학 역시 사회과학의 한 장르로 분류된다)의 연구 수준을 대표하는 『철학연구』(중국사회과학원철학연구소 편집)나 『중국사회과학』(중국사회과학원 편집)에서도 논문이 게재되고 있다. 이들 가운데는 중국의 서양 철학 연구계의 중진이 쓴 것도 있고, 신진 학자가 쓴 것도 눈에 띈다. 이점에서도 얼마나 많은 학자가 푸코 사상에 관심을 지니는가를 알수 있다. 푸코에 관한 논문을 개관해보면 기본적으로 푸코가 무엇을 사고했는가에 주목하면서 푸코 사상을 소개하거나 논평하는 논문이 중심을 이루고 있다. 예전처럼 부르주아적 사상가로서일방적으로 단죄하려는 사람은 기본적으로 없고, 오히려 푸코 철학의 독창적인 부분을 높이 평가하는 논문이 많다. 서양 철학 사상의 역사에서 푸코의 지적 작업이 갖는 의미를 밝히고 인문과학에 대한 그의 공헌을 높이 평가하는 논문조차 있기에, 관찬 학술지에서 이러한 논문을 실었다는 것 자체가 시대의 변화를 느끼게끔 한다. 적어도 본격적으로 서양 철학 사상을 연구하는 학자들

간에는 이데올로기의 색안경을 벗고 연구 대상인 서양 철학자와 그 사상을 객관적으로 연구할 수 있는 단계에 진입한 것이라고 할 수 있다.

여기서 주목하고자 하는 것은 푸코의 키워드나 방법을 사용하여 중국에서 성性 문제, 특히 동성애 문제를 제기하고 있는 사회학자 리인허李銀河다. 중국에서는 성 문제가 오랫동안 터부시되었고, 이에 관한 학문도 성립되기 어려운 형편이었다. 이를 돌파해서 용감하게 연구를 지속한 리인허는 푸코의 이론으로부터 많은 것을 배우면서 중국인의 전통적 가치관을 뒤흔드는 대담한 발언을 하고 있다. 그녀는 『성의 역사』에 대한 일반인용 해설서까지 남기기도 했다. 그녀가 남긴 일련의 연구와 활동에 의해 중국에서 동성애를 비롯한 여러 문제가 좀더 명확해졌고 사람들의 의식도 그에 따라 조금씩 변화해갔다. 말하자면 푸코는 그녀와 같은 연구를 하고 있는 학자에게 사상적 지침을 부여해준 존재였고, 푸코 사상도 그녀의 언론활동이나 저술을 통해 좀더 다양한 사람들에게 알려져서 그들의 가치관, 특히 성에 관한 생각을 변화시키고 있다. 중국 미디어가 그 발언력 때문에 가장 주목하는 학자 가운데 한 사람으로 선정된 그녀는 푸코 학설을 이론적으로 크게 발전시킨 면이 없지만 푸코 사상을 자신의 것으로 소화하면서 가장 교묘하게 실천 속에 응용했다는 측면을 높이 평가할 수 있을 것이다. 또한 2001년 4월에 하버마스가 중국을 방문했을 때『독서』편집부 등에서 중국 학자들과의 좌담회를 개최했는데 그때 리인허는 하버마스와 푸코 사상의 차이점에 대해서 하버마스에게 질문하는 역할을 맡기도 했다.[81] 하버마스와 주고받은 논의에 대해서는 나중에 상세히 소개하기로 한다.

정신병리에 관한 연구에서도 푸코의 영향을 발견할 수 있다. 『광기의 역사』를 중국어로 번역하여 푸코 붐의 도화선에 불을 붙인 학자는 자신이 1980년대 중반 무렵 미국에서 처음으로 이 책을 읽었을 때 매우 놀랐다고 한다. 당시 중국에서는 오로지 정신의학에만 근거한 연구가 주류였는데, 푸코에 의해서 "내면에 잠재해 있는 광기의 존재"라는 문제가 비로소 관심을 끌 수 있었기 때문이다.[82] 도대체 무엇이 정신병인가, 정신병에 대한 자신들의 이해가 과연 옳은 것인가, 푸코는 중국 독자들에게 이와 같은 문제를 다시 한번 생각하도록 촉구하고, 이에 대한 참신한 이해를 제공했던 것이다.

나아가 중국에서 정신병에 관한 문제를 연구하는 학자 가운데는 푸코의 이론을 원용해 착실한 연구 성과를 내놓는 학자들도 있다. 현대 중국, 특히 1949년 이후 중국에서 정신병원 시스템의 역사를 파고들어 그 규명에 노력한 사회학자는 정치, 권력이 어떻게 정신병 환자에 대응했는가를 구체적으로 해석하여, 푸코 이론과 중국 문제를 접목시킨 연구를 제대로 해낸 것이다. 이 연구에 따르면 당시 중국의 정신병 치료에는 사회 속의 정신병에 대한 인식이 반영되었고, 과학적 의미에서의 '질병'이 '죄'로 변모했는데, 이는 정치 권력이 확대되어가는 과정의 산물이었다고 날카롭게 지적하고 있다.[83] 또한 빈번하게 발생하는 정신병 환자의 강제 수용이라는 현상 배후에 숨어 있는 것, 즉 급속히 구축된 정신병원 시스템에 비해 이를 지탱하는 근대적 이념이나 제도는 결여되어 있는 것 등의 문제점도 지적하고 있다.

위와 같은 성과를 보면 중국에서 푸코 이론은 철학 분야보다도 오히려 사회과학 분야에서 탐구의 무기로 교묘히 사용되어 착실한 성과를 올리고 있다고 할 수 있다. 덧붙이자면 푸코 이론이 가장 적극적으로 도입된 것은 문학 평론이나 문화 연구 분야였다. 지면의 제한 때문에 상세히 소개할 수는 없지만, 최근 중국 논단의 뚜렷한 경향 하나는 이렇게 사회과학 분야나 문학 평론, 문화 연구 분야에서 새로운 서양 사상을 적극적으로 도입했다는 점이라고 할 수 있다.

중국인 연구자에 의한 귀중한 인터뷰

푸코 수용에 대해서 마지막으로 언급하고자 하는 것은 신진 푸코 연구자인 왕민안汪民安과 푸코의 연인 다니엘 드페르Daniel Defert와의 흥미로운 인터뷰다. 프랑스에서 드페르가 푸코와 함께 살았던 집에서 이루어진 이 인터뷰에는 '우애, 철학과 정치: 푸코에 관한 인터뷰'라는 제목이 붙었다.[84] 『미셸 푸코 사고집성思考集成』을 편집하고 푸코 개인에 관해서 속속들이 알고 있는 사회학자 드페르와의 인터뷰가 지니는 가치는 중국 푸코 연구자와의 대화 정도에 그치지 않고 푸코 사상을 알기 위한 새로운 단서가 될 수 있을 것이다. 더구나 무엇보다 드페르가 여타 푸코의 전기작가와 만나는 것을 거부했었다는 의미에서도 귀중한 인터뷰인 셈이다.

푸코 사상의 형성에 니체, 바타유, 블랑쇼가 큰 영향을 주었다는 점에 대해서 어떻게 생각하는가라는 질문을 던졌을 때, 드페르는 이 점을 이해하기 위해서는 그와 협력자가 편집한 『미셸 푸코 사고집성』이 중요하다고 강조한 뒤, 푸코 사상 형성에서 니체와 바타유의 중요성 및 문학 면에서 블랑쇼의 영향을 지적하고 있다. 푸코의 저작 스타일이 전통적인 서양 철학자와는 매우 다르다고 하는 왕민안의 감상에 대해서 드페르는 그 원인을 다음과 같이 지적하고 있다. (1) 푸코의 저작은 확실히 독특한 발상과 아이디어를 갖고 있고, 그는 저술의 모든 면에서 완벽주의자였다. (2) 푸코의 저술은 역사가의 매우 구체적이고 실증적인 특징을 보여준다. (3) 푸코는 철학의 기술성技術性을 숨기고 있다. 구체적으로 말하자면 독자가 철학서로 의식하지 않도록 하는, 일종의 부정적인 연구 스타일을 취하고 있다. 그는 철학이라는 것이 무엇인지 말하지 않고 철학을 비판하고 부정했다. 서양에는 부정신학否定神學과 같은 전통이 있는데 마찬가지로 푸코가 그런 전통에 가깝다. 이것이 드페르가 밝힌 푸코의 지적 행위의 특징이다.[85]

하이데거와 푸코의 관계에 대한 드페르의 견해도 우리에게 많은 점을 시사해주고 있다. 그에 따르면 인터뷰를 진행한 때는 마침 콜레주 드 프랑스에서 행한 푸코의 강의를 편집하던 시기였다고 한다. 그 강의에서 푸코는 하이데거를 비판했는데, 하이데거를 인용하지 않았을 뿐만 아니라, 이름조차 언급하지 않고 다만 하이데거의 개념을 해체하고 있을 뿐이었다. 하이데거의 철학적 이상은 소크라테스 이전의 시대였던 데 비해, 푸코는 소크라테스 이전 시대가 중요하다고 생각하지 않았다고 한다.[86] 드페르는 고대 그리스에 대한 이해에서도 푸코와 하이데거가 달랐다고 지적한다. 예를 들면 소크라테스 이전 시대의 사법 관례에 대해서 푸코는 이렇게 생각했다. 사실 진리에 관한 고대 그리스인의 개념 구성은 법학자에 의해 완성됐기 때문에, 일반적으로 간주되듯이 철학자가 한 것도 아니고 사법학자의 공적도 아니라고 생각했다. 누가 범인인가를 법학자가 판단하고 진상을 규명하는 것이지, 철학자가 진리 개념을 구축하는 것은 아니었다. 요컨대 푸코는 과학이나 사법 과정에서 접근한 것이고 그 방법론도 하이데거와는 달랐다고 드페르는 말하고 싶었던 것이 아닐까.[87]

계속해서 드페르는 푸코의 방법론에 관해서 설명을 이어나갔다.

마찬가지로 『말과 사물』에는 철학자가 등장하지 않습니다. 하이데거에 대해서도 언급하고 있지 않습니다. 푸코는 대사상가를 연구하지 않았습니다만 경제학자, 문법학자, 자연해부학자는 연구했습니다. 왜냐하면 푸코의 지적에 따르자면 사상의 본질은 경제학, 문법학, 해부학 등에서 구축되는 것이지, 철학에서 구축되는 게 아니기 때문입니다. 이러한 까닭에 우리가 주목해야 할 것은 푸코의 가장 철학적인 저작인 『말과 사물』조차 반反철학인류학의 서적이라는 점입니다. 요컨대 푸코의 철학은 부정철학의 방법으로 나타난 것입니다. 철학자를 별로 언급하지 않았던 것도 푸코가 지닌 어떤 생각과 관련이 있습니다. 즉 이는 인문과학의 불가능성이라는 인식입니다. 한마디로 하자면 그는 철학인류학의 중대한 변화에 크게 주목하고 있습니다. 푸코최후의 강의인 『안전·영토·인구』와 『생정치학의 탄생』은 모두 철학을 언급하고 있지 않고 있습니다.[88]

이 기나긴 인터뷰에서 또 한 가지 주목해야 할 발언은 푸코와 하이에크 및 신자유주의 사상과 관련된 부분이다. 이는 인터뷰어인 왕민안이 최근 중국 사상계의 동향을 소개한 데서 비롯됐다. 최근 10년간 중국에서 가장 커다란 반향을 일으킨 서양의 사상가는 하이에크와 푸코였으며, 이들을 따르는 사람이 생겨났고, 그들은 각각 좌파와 우파를 대표한다고 왕민안이 설명하자, 드페르는 푸코가 하이에크에 강한 관심을 가졌다고 소개하면서 푸코가 하이에크의 사상을 어떻게 생각하고 있었는지 회고하기도 했다.

그의 회상에 따르면, 푸코가 하이에크를 주목하기 시작한 것은 18세기 말 서양에서의 통치성 변화에 대한 연구를 진행할 때였다. 18세기에 들어와서 통치성은 인구, 수명, 건강 등 생명에 관한 문제로 눈을 돌리기 시작했다. 푸코가 보기에 신자유주의 혹은 경제자유주의는 일종의 정치 수단이지 경제 사상은 아니었다. 왜냐하면 생명이나 인구 등을 관리하는 동시에 국가의 역할을 제한하는 것도 의도했기 때문이다. 요컨대 푸코는 통치성의 측면에서 신자유주의를 연구한 것이고, 신자유주의자와 하이에크에 대한 그의 관심은 생명을 관리하는 신자유주의의 수단을 정치철학의 문제로 사고하는 데 있었던 것이다.[89]

드페르는 푸코가 하이에크의 사상에 강한 관심을 가졌지만 동시에 그 문제점도 언급했다고 지적했다. 푸코는 본질적으로 아나키스트이고 신자유주의자인 하이에크에 대해서도 자유경제를 제창한 그의 정치적 입장에 대해서도 찬성하지 않았다고 한다. 푸코는 다만 이를 정치의 기술적 문제로 분석했을 뿐이다. 드페르는 국가에 대한 하이에크와 푸코의 비판에는 공통점이 있다고 인정하면서 두 사람의 차이점을 다음과 같이 분석한다.

신자유주의의 주된 비판 목표는 국가의 경제 정책 간섭이고, 아나키즘은 국가에 대해서 순수하게 정치적으로 비판하는 것입니다. 자유주의자는 개인이 생명을 관리하고, 국가가 아닌 시장, 자연법이 관리자 역할을 맡아야 한다고 주장하는 것에 비해서, 도덕주의자로서의 아나키스트는 국가가 아니라 윤리 도덕에 기초하여 사물을 관리해야 한다고 주장하고 있습니다. 이런 까닭에 푸코는 국가를 거부하고, 국가에 회의적인 태도를 취했던 것입니다.[90]

두 사람에 대한 드페르의 압축적인 비교는 내가 아는 한 매우 보기 드문 증언이라고 할 수 있다.

인터뷰 마지막 부분에서 드페르는 오늘날 프랑스 지식인의 모습과 지적 세계의 풍조에 대해 한탄하고 푸코 사후의 프랑스 사상계를 가차 없이 비판하고 있다. 그의 생각에는 오늘날 프랑스에서 지식인 집단의 존재 자체가 근본적으로 의문시된다는 것이다. 데리다, 푸코, 들뢰즈, 레비스트로스의 세대는 엘리트 교육을 받고 자란 사상가들로 모두 고등사범학교 졸업생이었다. 라틴어와 고전 그리스어에도 정통했을 뿐만 아니라, 백과사전적인 지적 능력을 갖춘 인물로서 두각을 드러냈다. 드페르는 오늘날 극단적으로 전문화된 프랑스 학계, 사상계와 지난 세대 사이에는 커다란 차이가 있다는 것을 비교를 통해 통렬히 꼬집고 있다. 마치 20세기 위대한 사상의 시대에 대한 만가挽歌처럼 들렸다. 오늘날 지식의 양태에 대한 의견으로 경청해야 할 가치가 충분하다. 대사상가 곁에서 작업을 진행한 학자의 증언만으로도 충분한 무게감이 느껴지는 지적이라고 할 수 있다.

21세기에 접어들어서도 콜레주 드 프랑스에서의 강의록을 포함한 푸코 저작 번역이 중국에서 몇 가지 더 나왔고, 그의 이론을 원용하여 페미니즘을 연구하는 학자도 나타나고 있다. 한때 믿을 수 없을 정도로 일었던 푸코 붐은 이제 좀 시들해졌지만 그에 대한 관심은 결코 약해진 것이 아니었다. 푸코가 사용한 술어나 관점을 인용하면서 작업하는 연구자나 저술가는 여전히 많다. 20세기 후반 인문 사상의 세계에 커다란 충격을 가져다준 푸코 사상은 그 자체로도 점점 세계 사상의 주류에 가까이 다가서고 있는 중국 학계에 계속해서 영향을 미칠 것이 확실하기 때문이다.

해체와 중국
: 데리다의 중국 방문이 가져다준 충격

—

열렬히 환영받은 데리다

자크 데리다는 1980년대부터 중국에 이름이 널리 알려졌지만,
1980년대에 그의 저작이 중국어로 번역된 적은 거의 없다. 앞서
소개한 푸코와 사정이 같았다고 생각한다. 1990년대에 들어와서
는 인터뷰집을 비롯하여 조금씩 그의 저서가 번역되기 시작했다.
중국 사상계에서 '계몽일변도'의 흐름이 변화한 게 중요한 요인
이었던 듯하다. 근년에 이르러서는 『글쓰기와 차이』『그라마톨로

지』등 대표적인 저작 몇 가지를 중국어로 읽을 수 있게 되었고 독자들도 확실히 늘어났다. 대표작 번역과 동시에 데리다를 둘러싼 연구도 빈번하게 이루어졌다. 미국 등과 마찬가지로 문학 연구자들이 데리다에게 관심을 갖고 있었고, 열심히 그 방법을 받아들이려는 경향이 엿보인다.

데리다는 1967년에 출간한 『그라마톨로지』에서 한자 문화에 의한 서양 로고스 중심주의를 해체할 가능성을 언급한 바 있다. 그의 말로는 줄곧 중국의 오랜 문화 전통에 강한 관심을 가졌다고 한다. 그로부터 22년 뒤인 1989년 데리다의 중국 방문이 실현될 기미가 보였지만, 마침 그해에 일어난 중국의 정국 변동[톈안먼 사건] 때문에 그 방문은 무려 12년을 더 기다려 이루어졌다. 2001년 9월 3일 데리다는 베이징에 도착하여 16일에 걸쳐 각 지역을 방문했다. 베이징에서는 베이징대, 중국사회과학원, 『독서』 편집부, 난징에서는 난징대, 상하이에서는 푸단대, 상하이 사회과학원에서 강연을 하거나 좌담회를 열었다. 그의 중국 방문은 중국에 반환된 지 4년이 넘은 홍콩 중문대에서의 강연을 끝으로 마무리됐다. 2대 고도古都인 베이징과 난징, 근대에 발흥했던 대도시 상하이, 이전 식민지였던 홍콩 등 중국 역사에서 각 단계를 상징하는 대도시를 방문한 것이다.

베이징을 방문했을 때는 마침 그의 대표작 가운데 하나인『글쓰기와 차이』가 중국어로 번역되어 싼롄서점三聯書店에서 막 출간된 직후였다. 데리다는 각 방문지에서 문자 그대로 열렬한 환영을 받았고 아카데미 세계에 선풍을 불러일으켰다. 중국의 주요 신문도 그의 방문을 대대적으로 보도하여 마치 사상계의 슈퍼스타와 같은 인기를 모았다. 최근 프랑스 현대 사상의 대가가 중국을 방문한 것은 폴 리쾨르에 이어서 데리다가 두 번째였는데, 중국 사상계로서는 기다리고 기다렸던 방문이었다. 그리고 그가 체재하면서 푸단대를 방문했을 때 세계를 뒤흔들었던 9·11사건이 일어났다. 사건 소식을 들은 데리다는 그날 밤 잠을 이루지 못했다고 한다.

중국에서 행한 일련의 강연 주제는 만년의 데리다가 깊은 관심을 보였던 것들이었다. 예를 들면 용서pardon, 증여, 조건 없는 대학, 마르크스, 국제화 및 사형 등이다. 처음 중국을 방문했기 때문에 그의 철학에 대해 잘 알지 못하는 사람들을 위해서 그는 직접 탈구축脫構築이란 무엇인지 친절하게 몇 번이고 설명했지만 동시에 열화와 같은 논의도 일어났다. 이하 데리다가 말한 내용을 소개하면서 그와 중국학자들 간의 논의 ― 때로는 매우 호된 질문도 나왔다 ― 도 함께 제시하여 중국의 지식인은 데리다 철학을 어떻게 생각하고 이해하고 수용했는가를 살펴보고자 한다.

데리다가 생각한 '용서pardon'는 어려운 것인가?

데리다가 베이징대에서 강연한 테마는 「용서: 용서할 수 없는 것과 시효가 없는 것」이었다.[91] 이 강연에서 용서라는 개념을 설명할 때 데리다는 자신과 다른 주장을 하는 유대인 철학자 장켈레비치Jankélévitch의 말을 인용했고, 강연의 절반 정도를 이에 대한 반론으로 채웠다.

장켈레비치는 제2차 세계대전 중 독일인이 유대인에게 행한 범죄에 대해서 용서할 수 없다는 입장을 취했으며, 용서에 관한 책도 여러 권 쓴 바 있다. 그의 말에 따르면, 용서는 강제수용소에서 이미 죽었다. 이러한 주장에 대해 데리다는 이의를 제기했다. 하나는 장켈레비치의 주장에 포함되어 있는 원리, 즉 용서는 요구되었을 때 이외에는 성립되지 않는다는 생각에 대한 것이다. 데리다가 보기에 용서하는 것과 용서를 요구하는 것 사이의 관련성은 자연스럽지 않다. 또한 죄가 매우 큰 경우, 인간의 한계를 뛰어넘는 경우는 용서의 대상이 되지 않는다는 의견에 대해서도 검토해야 한다고 지적했다.

그런데 데리다 자신이 그리고 있는 용서란 무엇인가. 우선 장 켈레비치와는 대척적인 것이다. 즉 용서할 수 있는 것, 보상할 수 있는 것을 용서하는 것은 언제나 가능하며, 이는 진정한 의미의 용서가 아니다. 데리다의 생각으로는 장켈레비치가 말하는 '시효 없음'이라는 개념은 사법의 개념이고 용서라는 범주에 속하지 않을 뿐만 아니라, 용서할 수 없는 것도 의미하지 않는다. 데리다가 말하기를, 용서는 무조건적 용서와 조건이 붙은 용서로 나뉘는데, 참된 용서는 전자다. 바꾸어 말하면 만약 용서가 존재한다고 하면 이는 용서할 수 없는 것에 대한 용서인 것이다.

베이징대에서 강연했던 날 오후, 베이징대 철학부의 교원이나 학생을 중심으로 데리다를 둘러싼 좌담회가 벌어졌다. 여기에는 용서나 시효 없음에 대한 강연을 둘러싼 질문뿐만 아니라, 해체란 무엇인가, 해체의 입장에서 볼 때 중국 문화란 어떤 의미를 갖는가, 중일 간의 과거를 둘러싼 화해의 문제까지 파고드는 질문이 있었고, 데리다는 이에 대해 대답했다. 내가 아는 한, 중일 관계에 대한 데리다의 발언은 매우 드문 것이기 때문에 이를 포괄하여 소개하고자 한다.

좌담회에 참가한 사람의 질문을 보면, 강연 내용과 아울러서 대부분은 용서에 집중되어 있었다. 완전한 용서가 가능한가라는 질문에 대해서 데리다는 무조건적인 용서는 불가능하지만, 용서가 구해지는 것은 바로 불가능한 일을 행하는 것이고 이것은 불가능하지만, 불가능으로서는 가능한 것이라고 덧붙이고 있다. 그리고 만약 무조건적 용서가 가능하다면, 이는 표면적으로 불가능하다고 생각했지만 사실은 가능하다는 의미라고 주장했다.

이 설명을 들은 한 중국 학자는 중일 간의 역사 문제를 거론하면서 데리다의 견해를 물었다. 데리다는 중국과 일본 간의 용서의 문제를 염두에 두고 강연했다고 고백하면서 직접 이 점에 대해 논의하고 싶었던 것은 아니지만 머릿속으로는 이를 생각하고 있었다고 말했다.[92] 그가 말하기를, 중일 간의 비극적인 사건은 용서의 문제가 아니다. 용서의 여부를 결정할 권리가 있는 이들은 죽은 희생자들밖에 없기 때문이다. 일본인이 사죄한 뒤에는 화해하고 건전한 양국 관계를 구축해야 하는가라고 자문한 뒤 이는 경제, 외교, 정치의 문제이지 순수하게 용서의 문제는 아니라고 스스로 대답했다. 이는 조건이 붙은 문제이고, 중국과 일본의 국민과 정부가 결정해야 하기 때문이다. 또한 중일 간의 문제는 다른 나라와도 관련된 세계적인 사안이기도 한데, 이는 용서의 문제가 단순히 국가 차원에 그치는 것이 아닌 이유이기도 하다고 덧붙였다.

이러한 현실 문제를 거론한 뒤 데리다가 강조하고 싶었던 바는 역시 강연에서 말한 것, 즉 순수한 용서는 무조건적이라는 것이다. 비록 죄를 범한 측이 용서를 구하지 않고 계속 범죄를 저지르는 경우조차도 말이다. 이렇게 논한 데리다 자신도 이를 조금 두려워하면서, 거의 불가능한 용서이기 때문에 용서하려고 해도 사실은 불가능하다고 말하고 있다. 그래도 용서를 생각할 필요가 있다고 계속 말을 이어갔다. 그는 만약 용서할 수 있는 것만 용서한다면 진정한 용서라고 할 수 없다고 거듭 주장했던 것이다.

이에 대해 베이징대 철학부에서 교편을 잡고 있는 미국인 객원 교수는 다음과 같은 질문을 들이밀었다.

당신이 강연에서 거론했던 순수한 용서는 매우 중요한 문제지만 나로서는 이해할 수 없는 게 용서라는 행위에서 진정 어떤 것이 이루어지냐는 것입니다. 용서란 좋은 것인가요? (…) 만약 당신이 누군가의 눈에 넣어도 아프지 않을 손녀딸에게 폭행을 가했고, 이런 종류의 행위를 세 사람에게나 했다고 칩시다. 그들은 과연 당신을 완전히 용서할 수 있을까요?[93]

이 예상치 못한 매우 도발적인 질문에 대해서 데리다는 다음과 같이 반박했다. "여기에는 두려운 오해가 존재하고 있습니다. 내가 용서해야 할 사람은 당신일지도 모르겠습니다"라고 대답하면서 이렇게 말을 이어갔다.

순수한 용서라는 것을 서술할 때나 혹은 정의하려 할 때 나는 당신이 말한 것처럼 그것이 완전히 무의미한 것이라고 한 번도 말한 적이 없습니다. 내가 몇 번이나 반복해서 말한 바대로 만약 확실히 순수한 용서라는 것이 존재한다면 그것은 그래야만 합니다. (…) 실제 나는 어떤 개념을 구축하고 있습니다. 우리의 역사성 가운데서 이 개념을 얻는 것입니다. 내가 말하는 역사성이란 유럽적인, 유대-기독교나 이슬람의 역사적 유산이고, 고대 그리스에 기원을 둔 순수한 용서의 개념입니다. 이 용서라는 개념의 진정한 의미를 이해한다면, 그 무조건성을 지적하지 않을 수 없습니다. (…) 단순히 조건부 용서를 행한다고 한다면 나는 어떤 전통적 사유에 속박되고 말 것입니다. (…) 내가 사고하고 구축하고자 하는 것은 여러 차원을 뛰어넘는 개념입니다. 나의 손녀를 폭행하고 나아가 다른 악을 생각하는 사

람을 용서하는 것은 나로서는 불가능한 일입니다. 그런 일
은 결코 있을 수 없습니다. 다만 용서라는 개념의 진정한
의의는 만약 내가 어떤 종류의 개념상의 순수성을 확립한
다면 그것은 내가 말하고자 하는 바에 좀더 가까워질 것
입니다.[94]

이 질문을 했던 미국 철학자는 데리다의 강연을 들은 중국 측
청중의 심경을 대변한다고 할 수 있을지도 모른다. 데리다가 말
하려고 하는 용서라는 개념은 우리가 보통 생각하는 용서와는 도
저히 같은 차원이 아닌 듯하다. 그러나 앞서 인용한 부분에서 알
수 있듯이 실제 혹독한 범죄에 직면한 경우, 데리다가 보인 반응
은 우리가 생각하는 범인을 대하는 태도와 완전히 다르지 않다.
그럼에도 불구하고 그는 진정한 용서란 무엇인가를 추구하려고
한다. 그리고 용서할 수 없는 것을 용서하는 것이 용서라고 몇 번
이나 진지하게 말하고 있다. 그렇다면 우리는 왜 순수한 용서를
생각하지 않으면 안 되는가라는 의문이 자연히 생긴다. 만약 그
것이 가치 없고 의미가 없는 것이라면, 데리다는 왜 일부러 중국
의 대학에까지 와서 기나긴 강연을 하면서 그 의미 차원에서부터
설명을 시작하여 장켈레비치의 관점까지 거론하면서 반론한 것

일까. 만약 용서에 관한 데리다의 강연이 무언가 충격이 있는 강의였다고 한다면 그의 강인한 사고에 역시 감탄하지 않을 수 없을 것이다. 우리가 눈치 채지 못한 일상적 혹은 역사적 사건 가운데 포함된 아포리아를 진지하게 받아들여서 이를 사고하고 또한 그 모순이나 가능성 등을 선명하게 드러내는 기술. 이에 의해서 우리가 익숙해져버린 관념에 구멍을 내는 것. 이것이 데리다 강연의 자극적인 부분이라고 할 수 있다.

—

'조건 없는 대학'은 중국에서 어떻게 가능한가?

데리다는 철학 교육 및 대학 교육 전반에 강한 관심을 가졌을 뿐만 아니라, 자주 이에 관련된 발언을 남기기도 했다. 그는 중국에서 특히 위기라고 부르짖은 지 오래된 인문과학의 문제나 사명에 대해 말했다. 그것도 한 번이 아니라 여러 번에 걸쳐 이야기했다. 중국의 인문학계가 안고 있는 문제를 그는 어느 정도 파악하고 있었을까. 필자가 알 도리는 없지만, 강연이나 논의의 기록을 읽는 한 데리다가 말한 것은 중국 상황에 비추어보아도 결코 잘못 본 것은 아닐 것이다. 오히려 매우 날카로운 부분도 있는데, 중국의 인문학계나 대학 교육 전반이 지닌 문제에 대해서 정문일침과 같은 지적이 많았다. 강연 타이틀은 'Profession의 미래 혹은 조건 없는 대학'이었다. 그의 강연 요점을 정리하면 대략 다음과 같다.

우선 강조하고 있는 것은 대학의 사명과 독립성이다. 그가 보기에 대학은 진리를 탐구함에 있어서 국가뿐만 아니라 시민사회나 국내외의 시장에 대해서도 독립을 지키지 않으면 안 된다. 이는 유럽인뿐만 아니라 아시아인도 직면하고 있는 문제이기도 하다. 이 문제를 생각할 때 어떤 이념을 가지지 않으면 안 된다. 어떠한 대가도 아끼지 말고 무조건 진리를 추구해야 한다는 것이다.[95] 대학이라면 유럽이든 중국이든 철학, 정치, 역사 및 사회에 관한 연구의 선결 조건은 인간이 지닌 문제에 대한 것이다. 이러한 문제를 연구할 때 자유롭지 않으면 안 되며, 선결 조건도 있어서는 안 된다고 데리다는 강력하게 주장하고 있다. 그의 생각으로 다른 연구기관과 달리 대학은 그 원리상 진리, 인간의 본질, 인류, 인간 형태의 역사 등의 문제를 독립된 형태로 조건 없이 탐구해야 하는 곳으로, 즉 무조건 반항하고 이견異見을 제창하는 장소로서 존재하는 곳이어야 한다.[96]

이러한 데리다의 정의에 따르면, 오늘날 점점 거대한 매머드가 되어가고, 시장경제의 수요에 부응하기 위하여 이것저것 노력하고 있는 중국의 대학을 볼 때, 아마도 그 엄격한 기준을 도저히 채울 길이 없을 것이다. 데리다가 묘사하는 바는 이상적인 대학 상이라고 봐야 할 것이다. '조건 없는 대학'이 갖고 있는 다른 특징을 그는 다음과 같이 서술하고 있다. "우리는 새삼스럽게 인간이란 무엇인가라는 문제를 토의해야 하고 또한 인권이란 무엇인가, 인권 문제의 역사도 토의해야 합니다. 인권이 어떻게 변화해 왔는가. 어떻게 구축되어왔는가. 내 생각에 이러한 질문에 답하는 것은 대학에 근무하는 모든 이의 책무입니다. 이는 인간의 문제이고 진리의 문제와 연관되는 것입니다."[97] 인권 문제를 둘러싼 서양 선진국과 여러 차례 대립하고 있던 중국에서의 강의였던 만큼, 시대에 대한 날카로운 통찰력을 느끼게 해준 발언이었다.

데리다는 독립적으로 진리를 탐구하기 위해 언어가 절대적으로 독립성을 가져야 하며, 직면하고 있는 모든 문제를 자유롭게 거론할 권리가 있어야 한다고 말한다. 또한 어떠한 권력의 지배도 받지 않아야 하며, 종교적이든 경제적이든 정치적이든 모든 권력의 검열을 거부해야 한다고 주장하고 있다. 이때 데리다가 여러 차례 사용했던 키워드가 'profession'인데, 그의 해석에 따르면 이 언어는 다만 직업을 의미하는 것일 뿐만 아니라, 직업에 대한 신앙이라는 의미도 포함하고 있다. 즉 행위에 의한 개입이고 계약이며, 밖으로 행하는 '책임'이기도 하다. 데리다의 설명에 따르면 대학에서 'profession'은 어떤 종류의 행위성을 갖고 있다. 질문하는 자유를 갖는 동시에 밖으로 향하여 사회적·정치적 작업을 하는 것, 그는 이것을 대학의 책무라고 정의하고 있다.

데리다가 대학이나 교육을 말할 때, 그에게 매우 중요한 것은 인문학의 존재 방식과 미래다. 이에 관해서도 그는 중국의 학자를 앞에 두고 중국 학계에서 이해되고 있는 인문학의 개념과는 매우 다른 데리다식 인문학 이념을 마음껏 발언했다. 그가 보기에 오늘날의 대학은 여러 위협에 처해 있는데, 인문학이라는 개념의 정의를 좀더 정교하게 다듬으면서 해체할 필요가 있다. 전통 가운데 존재하면서 전통을 초월해서 성장하지 않으면 안 된다. 이 무조건적 원칙이 인문학의 근원에 도사리고 있다.[98] 그 가운데 다시 인간의 개념, 일반적으로 말하는 인간성humantié의 형태, 특히 최근 수 세기에 걸친 인문학humanités의 존재 방식을 새롭게 사고해야 한다고 지적하고 있다.

이러한 측면에서 보자면 그가 말하는 것은 해체가 대학과 인문학에서 중요한 위치를 차지하며, 인문학의 개념을 확대해서 새롭게 해석하지 않으면 안 된다는 점이다. 해체의 철학으로 저명한 데리다이지만 의외로 인문학과 그 오래된 원칙을 전력으로 지키지 않으면 안 된다고 했다. 결코 "굿바이 유럽 인문학 전통!"이 아닌 것이다. 해체와 같은 인문학의 새로운 개념을 제창하고 법학이나 다른 모든 분야에서도 해체를 실천해야 한다고 주장한 데리다가 구체적인 실천 가운데 중시한 것은 역시 'profession'이다. 그는 '조건 없는 대학'을 담보gage, 약속, 보증, 승낙, 신앙의 행위·표현·전달과 연결해서 생각했다. 그리고 대학에서 신앙과 인지를 이을 수 있는 전형적인 것은 인문학이라고 칭해지는 조건 없는 장소라고 보았다.[99] 그 가운데 철학이 맡아야 하는 역할이란 공적인 장소에서 철학을 가르치는 것이다. 좀더 구체적으로 말하면 철학자로서 철학을 실천하거나 교육하는 것뿐만 아니라, 어떤 종류의 공적 약속으로서 뚜렷하고 떳떳하게 철학에 몸을 던져 철학에 전념하고, 그것을 위하여 증언하고 분투하지 않으면 안 된다는 것이다. 데리다는 마치 자기 철학의 실천이 그렇다는 것처럼 말하려는 듯했다.[100]

이처럼 진지하게 대학의 이상이나 인문학의 사명을 말한 데리다에게, 앞서 미국인 철학자가 던졌던 것과 같이 등골이 오싹해지는 질문은 없었지만 여러 측면에서 질문이 계속 이어졌다. 예를 들면 베이징대의 어떤 학자는 데리다의 대학론에 내재되어 있는 모순을 지적했다. 즉 그가 보기에 데리다는 근대적 이성을 의

문시하고 해체하려고 했지만, 동시에 근대의 대학 제도나 대학의 독립성을 견지해야 한다고 주장한다. 또한 이러한 대학이 근대적 이성에 조건 없는 비판을 가해야 한다고 말하고 있다. 그뿐만 아니라 인문학 자체가 근대적 이성의 산물인데도, 그 인문학이 근대적인 이성의 해체라는 사명을 짊어져야 한다고 생각하기 때문에, 이 지점에서 넘어설 수 없는 모순이 있는 것은 아닌가라는 지적이다. 이는 데리다의 주장에 정면으로 도전하는 것이기도 하다. 또 한 가지 그가 지적했던 것은, 중국 대학은 원래 유럽 대학을 모델로 만들어진 것이지만 오늘날에는 근대 경제제도의 제약(요컨대 자본주의 경제)과 포스트모던 이론의 해체(데리다로 대표되는 구미의 '최첨단' 사상)와 조우하면서 '협공'을 당하고 있다는 점이다. 이래서는 데리다가 말하는 독립성을 갖는 대학 따위는 영원한 꿈으로 끝나지 않겠느냐는, 상당히 혹독한 추궁이었다.[101]

이러한 이견이나 반론을 받고도 데리다는 한 걸음도 물러서지 않았다. 그는 책임 때문에, 직업 신앙 때문에, 또한 의무 때문에, 어떤 특정 시기의 모순을 포용해야 한다고 말한다. 즉 계몽이성의 원칙을 추구하는 동시에 오늘날의 계몽이성을 해체하지 않으면 안 된다는 것이다. 이것이야말로 모순이 생겨날 수밖에 없는 논리 아닌가. 하지만 그는 모순을 해소하려고 하지는 않았다고 말한다. 여기에서 난점이 생기는데, 이것이야말로 보편적인 해체다. 유산에 대한 의문을 제시할 뿐만 아니라 일찍이 그 유산 내부에서 의문을 제기했다. 또한 동시에 그 유산을 계승한다고 하는 자세다.[102]

다른 중국 학자는 '왜 하필 철학자가 대학이나 인문학의 문제까지 논하는가? 다른 학문을 배제하는 새로운 인문학에서는 조건 없는 대학이나 조건 없는 해체가 과연 가능한가?'라고 질문했다. 이에 대해 데리다는 자신은 인류와 관련된 모든 문제에 관심이 있고, 그 하나가 대학의 절대적인 독립이라고 대답했다. 그 자신은 해체를 통해서 인류의 모든 것을 변화시킨다는 장대한 포부를 품었고 그에 따른 문제의식을 제출했지만, 타인의 어떤 입장에도 서지 않는다고 덧붙였다. 그는 귀중한 '유산'의 핵심을 견지하고 있었다. 그 유산이란 바로 대학이다. 데리다는 이러한 기억을 지키고 싶었고, 이를 파괴하고 싶지 않다고 강조했다. 그는 이 원칙 아래 선택하고 모든 것을 바꾸어야 한다고 말했다. 이는 '인류'를 떠나서는 철학이나 문학이 존재하지 않기 때문이다. 이러한 대학의 이념은 어디에든 있지만 타자로서는 수학, 생물학, 의학이 아니라 철학에 나타나는 것이다. 데리다는 '보편적인 인문

학'에 상응하는 것을 찾고 싶었다고 말했다.[103]

이러한 작업 가운데 특히 중시한 것은 철학과 문학의 관계인데, 데리다는 해체 자체는 결코 철학도 아니고 문학도 아니라고 보고 있다. 그는 이것을 '사상'이라 부르고, 해체는 문학 구조라는 것의 근본을 밝혔다고 말한다. 그에게 문학은 단지 아름다운 시적 언어가 아니라 역사에 부속되는 과목이다. 이 역사는 유럽의 역사이고, 어떤 문학의 관념이 존재하고 있다. 즉 이는 유럽 중심의 관념이고 유럽적 사고방식이다. 특정한 시기에는 유럽의 인권 사상과 밀접하게 연관되어 있다. 이는 "사람들은 원칙상 자유롭게 말할 권리와 쓸 권리를 가지고 있다"는 것을 의미한다. 그 의미에서 문학이라는 생각은 유럽적인 것이고 '민주주의'라는 개념과도 연결되어 있다.

이러한 논의 전개에는 몇 가지 비약이 있는 것처럼 보이지만 우리는 데리다식 비약을 통해서 그가 말하고자 하는 것에 주목해야 할지도 모른다. 요컨대 그는 대학의 독립성, 그것도 절대적인 독립성을 주장하고 있다. 이는 기본적으로 유럽 대학을 모델로 창설된 중국 대학의 현상에 비추어 생각하면 그 진의를 알 수 있을 것이다. 또한 문학과 인권, 문학과 민주주의의 관계 등은 그가 중국의 학자와 지식인들에게 제기하는 과제라고도 할 수 있다.

특히 데리다가 강연 중에 종종 강조했던 '소명'으로서의 대학교수라는 직업의 엄격한 정의는 강연을 들었던 중국인들에게 깊은 인상을 남겼다. 그의 정의에 따르면, 대학교수는 개입적인 행위를 만들어내는 사람이며 동시에 장래에 다가올 것에 대해서도 열려 있는 직업이다. 그의 강연록을 읽고 강하게 느낄 수 있는 것은 대학에 봉직하는 사람들의 사명감이고, 또한 대학의 사명을 쥐고 있는 인문학에 대한 심상치 않은 정열이다. 상아탑이 아니라 인권이나 민주주의 등 시대적 과제도 시야에 넣으면서 개입해야 하는 인문학이라는 오래되고도 새로운 지식의 탐구에 대한 호소야말로 데리다가 처음이자 마지막 중국 방문 때 중국에 뿌린 소중한 씨앗 (데리다의 용어를 빌리자면 '산종散種'이라고 해야 할)이 될 것이다.

『독서』 편집부의 좌담회 마지막에 데리다의 조교로 근무했던 중국 학자 장닝張寧은 "데리다 선생님께서 많은 말씀을 하셨지만 그중에서 가장 근본적인 것은 무엇인가, 대체 무엇이 일어났는가, 이는 역시 청중 자신이 선택해야 하는 것입니다"라고 총괄했다.[104] 이는 데리다를 수행한 이의 발언이었던 만큼 그의 중국 방문 메시지가 무엇인가를 이해하는 데 중요한 힌트가 될 것이다.

해체와 중국 문화

데리다는 중국 문화를 어떻게 보고 있는가. 이는 그의 사상에 흥미를 느끼는 많은 중국인이 알고 싶어하는 바다. 그가 중국을 방문했을 때 이러한 질문이 나왔을 뿐만 아니라, 데리다 자신도 중국 문화를 언급해서 약간의 소동을 일으키기도 했다. 중국 고전 문화부터 셰익스피어와 헤겔에도 조예가 깊은 중국 사상가 왕위안화王元化(1920~2008)와 만났을 때였다.

데리다가 중국을 방문하기 전부터 일부 중국 학자들은 해체 사상을 원용해서 서구중심주의를 비판하고 있었다. 그가 보기에는 서양에도 서구중심주의를 비판하는 대학자가 있기 때문에 18세기 이후 유럽의 계몽운동을 흉내내려는 중국의 새로운 계몽은 이제 시대에 뒤떨어진 것이라는 지적이 있었다. 이는 제2차 세계대전 이후 부흥을 이룩했던 일본에도 해당되는 비판일 것이다. 해체가 중국 전통문화의 입장에서 강력한 원군이 될지 아닐지, 데리다와 중국 학자와의 논의를 살펴보기로 하자.

중국 학자와의 질의응답에서 데리다는 중국어는 모르지만 자신이 중국의 옛 전통문화에 애착을 갖고 있으며, 해체라는 사상을 통해 주장하고 싶은 것은 서구중심주의 전통에서 탈출하려는 노력이고, 해체는 먼저 지배적인 지위를 차지하고 있는 서양 철학 전통의 해체라고 설명하고 있다. 또한 그는 중국어와 같은 비非표음문자를 자주 참고했다고 말한 다음, 유럽이라는 중심에 대해서 중국을 주변으로 간주하고 싶은 것은 아니지만, 동시에 중국이 중심이 되길 바라는 것도 아니라고 밝혔다. 그리고 세계적인 범위에서 새로운 인류에 관한 관념을 세우고 싶다고 설명했다.[105]

데리다와 대담했던 왕위안화는 25년간 중국 언론계를 주도한 사람이고, 근현대 중국의 사상과 사회에 대한 날카로운 지적으로 잘 알려진 강단 있는 사상가다. 1930년대에 시작된 좌익 문화 운동에도 참가한 적이 있지만, 만년에는 현대 중국이 걸어왔던 길을 비판적으로 고찰했다(데리다 방식으로 말하자면 중국 혁명을 '해체'했다고 할 수 있다). 그는 논단에 큰 충격을 준 논문을 차례로 발표했다.[106] 데리다가 상하이를 방문했을 때 프랑스 상하이 총영사의 초대를 받아서 회담이 실현되었다.

왕위안화에 따르면, 그가 데리다에게 받았던 인상은 그가 매우 강한 비판의식을 가졌고, 인간적으로도 매우 솔직하고 겉치레가 없는 철학자라는 것이다. 그런데 이야기가 진전되는 가운데 조그마한 파문이 일었다. 이는 데리다가 중국에는 철학이 없고 사상밖에 없다는 이야기를 할 때였다. 왕위안화를 포함한 중국 학자들은 경악했다.[107] 그도 그럴 것이 중국에 철학이 존재하는가의 여부는 오래전부터 논의되어온 문제였고, 중국 학자들 사이에서조차 통일된 의견이 없었기 때문이다. 근래에도 이 낡은 문제를 둘러싸고 논쟁이 재연되었다고 한다.

하필이면 서양 철학의 전통을 해체하는 것을 생애의 사명으로 삼았던 데리다가 매우 미묘한 문제를 건드린 것이다. 그의 말투는 단도직입적이었기 때문에 중국 학자들을 더욱 경악시켰지만 곧바로 다음과 같은 보충이 이루어졌다. 그가 말하고자 했던 것은 어느 쪽이 우월한가의 문제가 아니라, 철학과 사상 간에 상하 관계가 없다는 것이다. 즉 그의 지적에는 문화 패권주의적인 의미는 전혀 없고 그가 말하는 철학이라는 것은 고대 그리스에 기원을 두고 있는 특수한 시기와 환경 가운데 생겨난 것을 의미한다.

이러한 견해를 들은 중국 학자들은 자존심에 상처를 입었을지도 모른다. 중국 문화의 대변자인 왕위안화도 당연히 반론을 제기했다. 그의 말에 따르면, 그리스에 기원을 둔 서양 철학과 중국 선진시대에 시작된 중국 철학은 근본적인 면에서 보자면 사유 방식과 표현이 다르지만 탐구하려고 하는 실질적인 문제에 관해서는 별반 차이가 없다. 중국에 논리학이 없었다고 곧잘 지적되지만, 왕위안화의 생각에 『묵자墨子』 등과 같은 고전에서 이와 유사한 것을 얼마든지 발견할 수 있고, 결코 존재하지 않았던 것은 아니었다. 그런데 왜 선진시대에 상당한 발전을 이룬 논리학이 그 뒤에 끊어졌는가 하면, 한대漢代에 유교가 유일무이한 국가 철학으로 지위를 획득했기 때문이라는 것이 왕위안화의 설명이다.[108] 이처럼 왕위안화는 중국에 철학이 존재했다고 밝히고 있다.

두 사람은 이밖에도 동서의 연극에 대해서도 의견을 교환했다. 왕위안화는 사유 방식의 측면에서 중국 전통 연극의 사의적寫意的 특징을 거론하여 『주례周禮』 『시경詩經』 가운데 '비比'와 '흥興'의 의미와 아리스토텔레스가 『시학』에서 논한 모방설의 차이를 지적하고 있다. 왕위안화는 중국 전통 연극이 사의적이었던 데 비해서, 서양 연극은 사실적이라고 한바탕 비교문화론을 피력했지만 유감스럽게도 데리다의 찬동을 이끌어내지는 못한 듯하다.

이 대화에는 시간 제약이 있었기 때문에 충분하게 의견을 나누지는 못했던 것 같다. 하지만 귀중한 동서 사상 교류의 한 페이지로서 역사에 남을 것이다. 특히 중국에 철학이 없었다는 데리다의 지적은 꽤나 흥미롭다. 필자가 보기에는 그리스에 기원을 둔 철학을 전범으로 한다면 당연히 중국에는 철학이 없었다고 해도 어쩔 수 없긴 하다. 중국 '철학'이 로고스 중심주의적인 것이 아니라는 건 분명한 사실이다. 그러나 만약 사회사상, 정치사상 혹은 인생철학 등도 철학에 포함시킨다면 틀림없이 중국에도 철학이 있었다고 말할 수 있다. 문제는 왜 중국에는 데리다가 평생 비판했던 서양 철학이 존재하지 않았던 것인가. 그리고 이 부재가 초래한 것은 무엇인가 하는 것이리라. 데리다도 서양 철학의 전통을 비판하면서 별도로 이러한 전통으로부터 배울 필요가 없다고 말한다면 이야기는 거기까지겠지만, 과연 그렇게 간단히 정리할 수 있을 것인가. 이는 상당히 의문이다. 실제로 서양 철학의 전통을 혹독하게 비판한 데리다조차 그러한 전통을 버려도 좋다고 말하지는 않았다. 오히려 유산으로서의 전통을 비판하면서―계몽도 그런 유산 중 하나인데―계승해야 할 것이라고 확실히 말하고 있다. 사망하기 직전에 『르몽드』에 실렸던 데리다와의 인터뷰 「살아 있는 것을 배우는 것, 그 끝에」에는 바로 이러한 데리다의 진심이 잘 드러나 있다.[109] 안이한 해체 이론을 원용해서 중국 문화 우위론 혹은 문화상대주의를 제창하는 것은, 그 옳고 그름을 차치하더라도, 적어도 데리다의 해체와는 다른 것이라고 말할 수 있다.

데리다의 마르크스와 중국의 마르크스

만년의 데리다는 마르크스주의에 대해서도 자주 발언하고 있다. 특히 유명한『마르크스의 유령들: 부채, 애도 그리고 새로운 인터내셔널』[110]이 그렇다. 중국은 오늘날에도 마르크스주의가 국가 이데올로기로서 지위를 차지하고 있기 때문에, 자연스러운 흐름으로 그는 마르크스주의에 대해서 발언하고 중국 학자와 논의하기도 했다. 다만 데리다의 마르크스주의와 중국의 마르크스주의가 반드시 일치한 것은 아니었다. 그렇다면 마르크스의 유산을 계승하고 싶었던 데리다는 어떠한 메시지를 보냈는가, 마르크스를 둘러싼 사상 교류도 일별할 가치가 있을 것이다.

데리다가 마르크스에 대해서 강연했던 중국사회과학원은 중국 정부의 싱크탱크로서 잘 알려져 있는 곳이다. 원래 이 조직이 1989년 데리다의 중국 방문을 기획했다고 한다. 이 곳에서 데리다는『마르크스의 유령들』을 집필한 이유에서부터 이야기를 풀어나갔다. 이 책이 간행된 것은 1993년, 마침 소련, 동유럽, 중국에서 역사적인 대변혁이 일어난 직후다. 당시 데리다로서는 마르크스의 종결, 마르크스의 죽음을 마르크스주의, 레닌주의와 공산주의의 종결 문제를 놓고 새롭게 해석할 필요를 느꼈다. 마침 사상계에서 주목받던 것은 프랜시스 후쿠야마의 '역사의 종언'과 레몽 아롱 세대에 커다란 영향을 준 알렉상드르 코제브[111]의 사상이었다. 이들 학설을 염두에 두고 데리다는 소련이 붕괴하고 중국도 더욱 획기적인 개혁개방을 시작한 뒤의 마르크스주의 계승 문제를 『마르크스의 유령들』에서 해석하려고 했던 것이다.

중국 학자들 앞에서 데리다는 확실히 자신은 마르크스주의자가 아니라고 솔직히 인정한 뒤에 '유령'의 문제에 강한 관심을 갖고 있다고 말했다. 이 유령은 자본주의·시장사회에 따라 마르크스주의 담론을 종결 선언한 애매한 교조적인 사상을 가리킨다. 그 '유령' 속에서 데리다는 '애도 작업'을 발견한다. 즉 그러한 선언을 했던 사람들이 마르크스와 마르크스주의에 대해 애도하는 작업이다.[112] 이렇게 생각할 때 중국 문제도 데리다에게는 중요할 수밖에 없다. 이 역사의 네거리에서 중국은 대체 어디로 향하는지가 그의 관심을 끌었던 것이다.

강연에서 데리다는 '유령'의 문제를 논하면서 현재 세계의 10대 문제를 들고 있다. 예를 들면 새로운 실업 문제, 노숙자나 '비非국민'의 대량 출현, 선진국 간의 비정한 경제 경쟁, 개발도상국의 나날이 늘어나는 채무, 핵무기의 확산 등이다. 이러한 세계적인 규모의 문제를 염두에 두고 데리다는 다음 세 가지를 강조하고 있다. (1)『마르크스의 유령들』에서 설명하고자 했던 것은 마르크스에 관한 그의 연구가 해체의 실천과 관련이 깊다는 것. (2) 그가 마르크스 연구에서 '유령성幽靈性'의 문제를 중시한 것은 유령성의 문제와 그 개념이 오늘날 기술 변혁(예를 들어 인터넷, 핸드폰 등)을 이해하는 데 불가결하게 되었기 때문이다. (3) 그는 유령이라는 개념을 오랜 기간 연구했고 그 개념은 가치의 해체에 그 의미가 있다. '유령성'의 특징은 삶도 아니고 죽음도 아니며, 현전現前, presence도 아니고 비非현전도 아니며, 참도 아니고 거짓도 아니기 때문이라고 데리다는 말하고 있다.**113**

그렇게 길다고는 할 수 없는 강연 마무리 부분에서 데리다는 '메시아 신앙' '메시아성性'의 문제를 언급하면서 이를 구별하고 있다. 이 메시아에 관한 이야기는 프랜시스 후쿠야마의 '역사의 종언'을 비판하는 것이 목적인 듯하다. 데리다의 해설에 따르면 '강림'은 타자의 강림이다. 낯선 이 사람은 초대받든 초대받지 못하든 언젠가 올 것이다. 무슨 일이 일어날지는 알 수 없고, 미래가 타자의 강림을 통해 역사성을 설정하고 있는 것이다. 여기서 그가 예로 든 사례는 구소련이었다. 아무도 구소련 붕괴를 예측하지 못한 것처럼 데리다는 역사의 예측 불가능성을 강조했다.

재미있는 것은 이 강연의 주요 부분이『마르크스의 유령들』에서 시작해서 마르크스와 마르크스주의를 중심으로 전개되었지만, 중국 측의 질문은 하나를 제외하고는 모두 해체 이론과 다른 철학의 관계에 초점을 맞췄다는 점이다. 정작 마르크스에 대한 질문은 "『마르크스의 유령들』은 제목에서 복수형을 사용하고 있는데 기존의 마르크스에 새로운 마르크스가 하나 추가된 것이냐"는 것뿐이었다. 이에 대해서 자신의 저서는 '계승'의 문제에 관한 것이라고 데리다는 다시 지적하고 있다. 그의 생각으로 마르크스주의는 통일된 것도 아니고, 일원적으로 일치된 것이 아니다. 오히려 다양한 해석 속에서만 존재한다. 그것은 이론의 해석 차원에 머물지 않고, 세계를 개조하는 것이나 텍스트를 바꾸는 것과 관련되기 때문에, 데리다는 마르크스의 계승 문제를 생각할 필요가 있다고 말했다. 실제로 상이한 사회, 다양한 단체, 다른 문화가 각각 마르크스의 유산을 해석해왔고 또한 개조하기도 했다. 중국 학자의 매우 짧은 질문에 데리다는 중국과 마르크스주의의 관계에 대해 다음과 같이 주목할 만한 발언을 했다.

이 자그마한 책(『마르크스의 유령들』)에서 내가 말하고자 하는 바는 예측 불가능한 미래에서 중국의 마르크스주의가 어떻게 변모할 것인지가 매우 중요하다는 것입니다. (⋯) 실제 중국은 마르크스 유산의 특정 부분을 계승할 것을 결정함과 동시에 자유경제, 민주주의 이념과의 평화 공존도 결정했습니다. 이러한 부분에 마르크스주의에 관한 우리의 공통 인식이 있습니다. 나는 간단한 언어로 이 문제를 총괄하고자 합니다. 오늘날 중요한 것은 자본주의와 자본주의의 위기에 대한 생명력 있는 비판을 하는 데 있습니다. 동시에 중국이나 동구권의 국가에서 마르크스와 마르크스주의의 유산이 초래한 재난, 즉 그 유산 안에 있는 버려야 할 것을 반복하지 않는 데 있습니다.[114]

위와 같은 데리다의 총괄에는 중국의 현재 역사를 잘 모르고 있다고는 절대 말할 수 없는 날카로운 지적이 담겨 있다. 여기에서는 데리다가 보기 드물 정도로 극히 명석하게 중국의 마르크스주의 및 마르크스주의 전체에 대한 태도를 표명했다고 할 수 있을 것이다. 유감스럽지만 이 강연에 관한 질문은 앞서 나온 질문 외에는 이렇다 할 특별한 것이 없었고, 마치 데리다 한 사람의 만담이라는 느낌이 강했던 강연이었다. 마르크스주의를 중심 주제로 한 대화를 마칠 무렵, 데리다는 성령聖靈의 문제가 마르크스의 유산에서 중심이 되는 문제라고 말했다. 이러한 설명은 중국 측

참가자에게는 신선하게 비쳐졌을 게 틀림없다. 여러 마르크스주의 연구자를 배출하고 있는 중국을 방문한 것인데도 불구하고, 돌이켜보면 데리다에 의한 마르크스와 마르크스주의에 대한 강연이라는 느낌이 강했다.

데리다의 중국 방문은 '요란한 잔칫상'이었나

데리다가 마지막으로 방문했던 중국 대도시는 홍콩이었다. 그는 홍콩을 대표하는 홍콩 중문대에서 「국제화와 사형Globalization and Capital Punishment」이라는 제목으로 사형에 대해 강연했다. 이 최후의 강연을 듣기 위해 홍콩의 대학교수나 학생, 홍콩에 있던 외국인 연구자들도 많이 몰려왔다.[115] 여기서 그는 미리 준비해온 원고를 그대로 읽지 않고 막 일어났던 9·11사건을 화제로 꺼내면서, 사형 문제에 관한 자신의 견해를 피력했다. 유럽 역사상 사형을 선고받은 네 명의 중요 인물, 즉 소크라테스, 예수, 잔다르크, 알 할라즈Al-Hallaj(858~922)를 예로 들면서, 사형의 이유가 종교적인 것이기 때문에 국가에 의해서 사형이 집행됐다고 분석한 뒤, 신학과 정치권력의 동맹관계가 사형을 이해하는 열쇠라고 지적했다. 사형 및 서양 철학과 국가권력의 관계를 논하면서 그는 성

서나 플라톤, 칸트, 루소, 푸코의 관점을 계속 인용하며 서양 정신
사라고 하는 커다란 구조 속에서 논의를 전개하고, 서양 철학자
는 기본적으로 사형을 지지했다는 사실이 지닌 의미를 음미했다.
간단히 정리하자면, 데리다는 사형에 관한 칸트의 논술 등 사형
을 둘러싼 서양 철학자와 작가의 사상과 작품을 고찰해 데리다식
의 사형 해체 작업을 했다고 말할 수 있다. 그 가운데 국가가 결
정하는 죽음인 사형의 공개성과 가시성 등의 특징을 계속 설명하
면서 사형 문제와 국가 주권의 위기, 9·11사건 및 세계화를 연결
해 강연을 마무리했다. 홍콩에서의 강연은 일찍이 볼 수 없었던
성공을 거두었다. 데리다는 중국 본토에서 강연했을 때도 사형을
언급한 바 있고, 분명히 사형에 반대한다는 자세를 보여줬다. 이
는 리쾨르가 중국을 방문했을 때 했던 강연 '정의와 보복' 등과도
통하는 것이다. 중국의 사형 문제에 대한 그 나름대로의 조언으
로서 이해할 수 있을 것이다.

2004년 중국에서 돌아온 지 약 3년 만에 데리다는 그만 불귀
의 객이 되고 말았다. 얼마 전만 해도 열렬하게 그를 맞았던 중국
에서는 많은 신문에서 그의 죽음을 보도했고, 저명한 프랑스철학
연구자가 쓴 추도 기사도 게재되었다. 중국을 방문했을 때를 비
롯해 생전의 그가 남긴 일화도 다수 소개되었다.

저작이나 문장이 난해하고 난삽하다는 말을 곧잘 들었던 데리다지만, 죽은 뒤에도 그의 저서는 번역되거나 연구가 이어지고 있으며, 변함없이 관심이 높은 것 같다. 데리다가 중국에 뿌린 사상의 씨앗이 어떠한 형태로 싹을 틔울지는 아직 미지수이지만 그의 용어를 빌려 말하자면, 그가 커다란 '흔적'이나 '서명'을 중국 사상계와 모든 철학을 사랑하는 사람에게 남긴 것만은 분명하다. 독자들의 선택을 기다리고 있는 데리다의 저작들이 서점의 서가에 잔뜩 꽂혀 있고, 한편 앞으로 오랫동안 데리다의 사상을 둘러싼 논의는 지속될 것이다. 왜냐하면 그가 중국을 방문했을 때, 그는 중국 학자들을 향해 해체 작업에 함께 참여할 것을 호소했기 때문이다. 그의 철학에 찬성하든 이의를 제기하든, 이해하든 하지 못하든, 그는 중국 사상계에 이미 '산종散種'한 것이다.

'시마西馬' 재래

: 하버마스와 중국 사상계

최근 25년간 중국 사상계에서, 특히 정치·사회 사상 분야에서 가장 영향력 있는 독일 철학자가 누구냐고 질문하면 하버마스라는 대답이 주저 없이 돌아올 것이다. 1980년대 하버마스는 이미 일부 연구자에 의해 언급된 바 있고, 중국어로 논문집도 조금 번역돼 나왔지만 그렇다고 딱히 주목을 받았던 것은 아니었다. 본격적으로 등장한 것은 1990년대에 들어서면서부터였다. 이때부터 프랑크푸르트학파 제2세대의 총수인 하버마스 쪽이 제1세대 사상가보다도 중국 사상계나 독자들 사이에서 지명도가 높아졌고 그의 저작 번역이나 그에 관한 논문 등이 속속 출판되었다. 최신 통계에 따르면 이 10년간 하버마스를 주제로 중국에서 발표된 박사논문은 30편, 석사논문은 35편이다.[116] 일종의 하버마스 붐이 중국에 도래했다고 해도 과언이 아닐 것이다. 이에 대해서 하버마스 자신도 매우 놀랐다고 한다. 담론 윤리나 의사소통적 합리성 등 하버마스 특유의 용어는 '지식의 고고학'이나 '해체' 등 현대 프랑스 철학의 유행어와 마찬가지로 중국에도 널리 알려져 있다. 이들 언어를 사용하지 않으면 마치 사상의 주류에 뒤떨어진 문외한이라는 말을 듣는 그런 분위기까지 있었다.

프랑크푸르트학파 제2세대 총수라는 직함은 많은 중국 학자에게 친근감을 느끼게끔 했던 하나의 요인이 되었다. 마르크스주의라는 공통의 토대를 갖고 있었던 탓에 연구나 수용이라는 측면에서 여타 유럽 현대 사상과 매우 다른 양상을 띠었기 때문이다. 게다가 하버마스의 수비 범위는 극히 넓어서 그가 관심을 갖고 있는 분야가 마침 최근 25년간 중국 지식인의 관심 분야와 상당히 중첩되어 있는 것도 그의 수용을 용이하게끔 했다. 예를 들면 계몽의 문제, 모더니즘의 문제, 포스트모던을 둘러싼 프랑스 철학자와의 논쟁, 현대에서 마르크스주의의 존재 형식 등 그의 사상적 과제의 대부분은 현대 중국 사상계로서도 결코 관계가 없지 않았고 오히려 동시대적인 과제로 밀접한 유대감을 느끼게 하고 있다. 또한 그는 학문 사상이라는 세계에 간혀 있는 것이 아니라, 공공적 지식인으로서 세계가 직면하고 있는 여러 문제―예를 들면 테러나 생물 윤리 등―에 대해서도 발언하고 있기 때문에 중국 지식인에게 옛 사대부 기질을 떠올리게 하는 부분도 있다. 중국의 지식세계로서는 중국의 진로를 고찰하는 데 어떤 조언을 해줄 수 있는 사람이라고 기대했던 측면도 있었던 듯하다.

그런데 2001년은 현대 중국 사상사에서 특기할 만한 해로 기억될 것임에 틀림없다. 두 명의 세계적인 철학자가 잇따라 중국을 방문했기 때문이다. 4월에는 하버마스, 9월에는 데리다, 반년 사이에 입장이 매우 다른 두 명의 고명한 철학자가 처음으로 중국 땅을 밟았다. 이것은 마치 1920년 전후에 러셀과 듀이가 잇따라 중국을 방문한 것과 같은 느낌을 갖게 한다. 관계자로부터 "하나의 철학적 사건"이라는 말을 듣기도 했다.

이 중국 방문이 실현되기까지의 길은 길고 길었다. 1980년 당시 서독을 방문했던 중국사회과학원과 베이징대의 어느 대표단은 프랑크푸르트대 사회과학연구소까지 방문했을 뿐만 아니라,

뮌헨으로 가서 막스플랑크 연구소 소장을 맡고 있던 하버마스와 만나서 방중을 타진했다. 그러나 유감스럽게도 이는 서면에 의한 초청에 그쳐 끝내 실현되지 않았다.[117] 이후 수많은 교섭을 거쳐 1999년 4월에 중국 방문이 드디어 결정되었다. 그러나 코소보 분쟁이라는 돌발 사태에 가로막혀 다시 연기되고야 말았다. 이때 코소보 분쟁을 둘러싼 하버마스의 견해가 중국에서 비판을 받았고, 나토에 의한 중국 대사관 오폭 사건도 겹쳤기 때문에 그의 공식 방문은 '건강상의 이유'로 중단되었다.

21세기에 들어선 직후 다행히 이번에는 어떤 방해도 없이 하버마스는 중국 땅을 밟게 되었다. 이 중국 방문은 2001년 4월 16일부터 29일까지 2주간에 걸친 것이었다. 그가 도착하기 전부터 중국 매스컴은 그의 방문을 러셀과 듀이의 중국 방문 및 반세기 전의 사르트르 방문과 나란히 소개하고, 중국 사상계에서 이 방문이 갖는 의의를 높이 평가했는데, 이는 그의 방문에 중국이 얼마나 비길 데 없는 관심을 가졌는가를 말해주고 있다. 실제 하버마스가 가는 곳마다 놀라울 정도로 선풍적인 인기를 모으기도 했다. 상하이의 방문지 가운데 한 곳인 푸단대의 경우, 대학 당국은 혼란 예방을 위해 무장 경찰까지 출동시켰다고 한다. 반년 뒤 방문했던 데리다와는 달리 하버마스의 방문지는 베이징과 상하이로 국한되었지만, 대학과 연구기관에서 일곱 차례 강연을 진행했다. 또한 이외에 인터뷰로는 『독서』 편집부 좌담회나, 하버마스의 문집을 다수 출간한 상하이의 대형출판사가 주최한 번역자와 학자와의 좌담회에도 참가하여 매우 충실한 논의를 나누었다. 하버마스의 중국 방문이 상징하는 것은 중국 사상계도 점점 일본 사상계와 마찬가지로 현대 사상을 흡수하면서 직접 서양 사상계와 대화할 수 있는 시대에 접어들고 있다는 뜻이 아닐까.

그런데 하버마스는 중국의 일류 대학이나 연구기관, 나아가 언론과의 대담에서 무엇을 이야기했던 것일까. 그 주제의 일부는 그의 친구이자 논적이기도 한 데리다와 공유하고 있는 것으로서 현재에도 여전히 뜨거운 이슈인 인권 문제와 세계화였다.[118] 여기에서는 앞 장과 마찬가지로 하버마스의 중국 방문을 중심에 놓고, 그의 사상이 중국에서 어떻게 수용되었는가를 살펴보고자 한다.

—

'아시아적 가치'에 대한 비판

하버마스를 초빙한 것은 중국사회과학원과 괴테 인스티튜트였는데, 중국사회과학원에서 그는 중국과 유럽 사이에 문제가 되고 있는 인권에 대해서 강연했다. 「이문화異文化의 인권 문제에 대하여」라고 제목이 붙은 강연에서 하버마스는 입을 열자마자 자신은 인권 문제 선교사로서 온 것은 아니라고 분명히 밝혔다. 그가 제기한 문제는 서양에서 형성된 정치의 합법화 형식—여기서는 인권 문제를 지칭하는데—이 다른 문화에서 설득력을 가질 수 있는지 여부였다. 하버마스는 우선 겸허하게 서양의 자기비판에서부터 이야기를 시작해서 서양에서도 처음부터 인권 상황이 좋았던 것은 결코 아니었다고 말했다. 길고 고된 투쟁을 거쳐서 겨우 노동자나 유대인, 여성의 인권이 인정받게 되었다고 서술하고 있다. 이러한 인권 문제의 역사성을 인정한 뒤 서구중심주의에 대한 비판과 인권 문제에 대한 변명을 결코 혼동해서는 안 된다고 주장했다. 그의 논의의 출발점은, 인권이 서양 문화라는 특수한 문화적인 배경에 근거한 것이 아니라, 오히려 현대에 전개되는 '사회의 근대화'라는 특수한 도전 과정에서 짊어져야 할 책임이라는 인식이었다.[119]

인권의 보편성을 주장하는 하버마스가 논의의 도마 위에 올려놓은 것은 한때 각광을 받았던 '아시아적 가치관'이었다. 이는 싱가포르 정부가 최초로 제창한 것으로서, 아시아에서는 전통적인 개인보다도 집단을 중시하는 특징이 있다는 주장이었다. 그러나 하버마스의 입장에서는 이 주장이 문화의 문제와 얽혀서 논의되었기 때문에 잘못된 방향으로 흐르고 말았다. 그의 생각에 경제적 근대화를 추구하는 아시아 여러 나라는 개인주의를 옹호하는 법질서를 받아들이지 않으면 안 된다. 이 논쟁의 핵심적인 부분은 문화 차원의 이야기가 아니라, 사회경제 차원의 문제다. 경제적 근대화와 개인의 권리는 표리일체의 문제이고, 결코 어느 한쪽을 선택해서 끝나는 것이 아니다. 빈곤한 삶을 강요받는 국민에게 법 앞에서의 평등이나 언론 자유는 생활을 개선하는 정도로 중요한 과제가 아니라고 주장하는 지도자는 가부장적인 것을 옹호하는 입장에 서 있는 것이고, 실제로 그들은 개인의 권리를 지키지 않는다고까지 비판을 전개하고 있다.

개인주의를 옹호하는 현대의 법체계에 대해 아시아적 가치관을 가지고 대항하는 사람들에게 하버마스는 학문과 정치라는 관점에서 반론을 이어가고 있다. "민주적 정치의 합법화야말로 신속한 근대화와 개발독재에 의한 압박이 초래한 모순과 대립을 극복할 수 있습니다. 자유로운 정치 문화 속에서 국가 시민의 단결에 의해 형성되는 형식이 기본적인 권리의 실현과 함께 존재하게 됩니다. 이렇게 해서 비로소 모든 극히 복잡한 사회가 해결하고자 하는 일체화의 문제가 풀립니다."[120] 이는 바로 급격한 경제

개발을 지속하고, 근대화 실현을 추구하는 나라들에 대한 조언이다.

인권 문제뿐만 아니라, 하버마스는 베이징에서 '민주주의'에 대해서도 종횡무진으로 그의 의견을 피력했다. 베이징대와 런민대에서 행한 강연 주제는 「민주주의의 세 가지 규범적 모델: 토의적 정치의 개념에 대하여」였다. 이 세 가지 모델은 자유주의, 공화주의, 토의식 정치를 말한다. 앞의 두 모델, 즉 자유주의와 공화주의에 대해서 하버마스는 불만을 품고 있었다. 그의 말에 따르면, 교류에 의해서 맺어진 시민은 급진적인 민주주의라는 의미에서의 사회조직을 견지하고, 집단의 목적을 상호 대립하는 개인 이익의 거래로 회귀시키지 않는 것이 공화주의의 장점이다. 그러나 단점은 너무나도 지나치게 이상적이기 때문에, 민주주의적인 프로세스가 공공복지에 과도하게 관심을 갖는 시민의 도덕에 의지하게 되고, 정치적 토의의 윤리적 협애화가 그 오류라고 할 수 있다. 그는 자유주의에 대해서 국가를 경제사회의 파수꾼으로 자리매김하는 것에 위화감을 갖고 있다. 이 양자의 문제를 초극超克하는 모델이 무엇이냐 하면, 다름 아니라 하버마스 자신이 주장하는 제3의 길, 토의적 정치였다. 그는 토의적 정치를 민주주의 이론의 핵심에 두려고 생각하고 있었다. 앞서 서술한 세 가지 모델을 생각하면, 그것의 근거는 일반선거와 의회의 결정에 의한 민주적 의견과 의지의 형성이 가능한 정치 공간이었다. 이것이 오늘까지 정치가 이루어지는 유일한 범위라고 말한다.[121]

이처럼 하버마스가 제창하는 토의적인 정치는 현재의 중국에는 어떠한 의의가 있을까. 이데올로기적으로도 다르고 정치체제도 다르기 때문에 그의 강연을 들었던 사람들은 당연히 이 점을 질문하고 싶었을 것이다. 강연 마지막에 하버마스는 중국의 사정에 대해 직접 언급하면서 다음과 같이 말했다.

중국처럼 인구가 많고 매우 복잡한 사회에서 단결과 통일은 장기적으로 가정이나 이웃 간의 모럴moral에 의지해서 존재할 수 없습니다. 동시에 권위적 국가 윤리를 등에 업고 갈 이유도 없습니다. 상호 존중과 평등의 모럴이 모든 시민의 권리를 매개해주는 추상적 원리로 파급되어야 합니다. 그러나 권리는 허공에서 그냥 떨어지는 것이 아니고 또한 도교에서 말하는 하늘 위에서 그냥 떨어지는 것도 아닙니다.[122]

권리가 자연히 생기는 것이 아니라고 한다면, 우리는 어떻게 하는 것이 좋을까. 국가도 시장도 관심을 갖지 않는, 낯선 사람들 사이의 단결 문제에 직면했을 때, 하버마스는 낯선 사람들의 단결을 사회 융합의 제3원천이라 부르고 다시금 민주주의의 이념 형성과 의지 형성의 방법에서 그 원천을 만들어야 한다고 주장한다. 점점 복잡해지고 전체를 조감할 수조차 없는 현대의 사회관계에서 민주주의에 대한 올바른 이해는 단결을 만들어내는 유일한 원천이라며, 하버마스는 '이질성의 포용'을 중국에 조언했던 것 같다.

인권이나 민주주의에 대한 하버마스의 열정적이고 진지한 '설교'를 중국 측 학자가 반드시 그대로 받아들였던 것은 아닌 듯하다. 예를 들면 『독서』 편집부가 주최한 좌담회에서 중국 학자가 말한 것은, 하버마스가 중국사회과학원의 강의에서 말한 인권의 정의는 자유주의적인 것이며, 그의 일관된 자세와는 조금 다를 뿐만 아니라, 많은 위험도 포함되어 있다는 지적이었다. 즉 패권주의를 조장할 가능성이 있고 개인 이익의 극대화 등의 폐해를 생각할 수 있지 않을까라는 점이다.[123] 이 질문에 하버마스는 이렇게 대답했다.

인권의 개념에 관한 한, 가장 중요한 것은 개인의 자기 인식, 즉 우리 개인의 개인화와 사회화 사이의 변증법적 관계의 문제입니다. 내가 보기에, 개인은 사회화 과정에서 개인화를 실현해야 하며, 동시에 개인화의 과정에서 사회화를 실현해야 합니다.[124]

하버마스는 중국과 서양에서의 개인-집단 관계의 같고 다름에 대해서는 아리스토텔레스로 소급되는 공동체주의를 거론하면서 서양에도 집단의 이익을 중시하는 사상이 존재했다고 지적했다. 나아가 당시 막 출간된 그의 새 책『사실성과 타당성』을 인용하여 인권에 대한 개념을 다시 설명했다. 이 책에서는 법률사회학의 측면에서 하버마스 자신의 인권에 관한 견해와 법률의 개념, 특히 법인의 개념에 대해서 설명했는데, 그는 법인을 사회화하지 않으면 안 된다고 주장한다. 주체의 권리 개념에 대해서는 다른 주관적 해석이 있어도 좋지만 주체의 권리를 무시하고 단순히 집단의 권리를 강조해서는 안 된다고, 다시 자신의 주장을 제창한 것이다.

『독서』편집부의 같은 좌담회에서는 중국에서의 법철학 문제나 중국의 전통적인 법률제도의 구조 문제에 대한 논의도 있었다. 하버마스가 이러한 것에 관심을 갖고 있다고 발언한 것을 이

어받아서, 어떤 법률 전문가는 청말淸末에 중국이 일본을 통하여 독일의 법체계를 도입했던 것에서 시작하여, 개혁개방의 시대부터는 관습법common law 체계도 도입했다고 설명하면서, 이것이 과거 25년간 중국 정치 개혁의 중요한 부분이 되었다고 회고했다. 법률 개혁을 정치 개혁의 한 수단으로 삼는 이 전문가의 설명에 대해서, 하버마스는 한계가 있는 개혁이라고 이의를 제기했다. 그는 현대 법률제도의 기초는 철저하게 민주화된 사회이지 않으면 안 된다고 말했다. 바꾸어 말하자면 기본적인 자유, 평등 및 정치참여의 권리도 없고, 기본적인 사회의 공정성도 없다면 현대의 법률제도는 성립하지 않는다는 반론인 셈이다.[125] 중국을 방문했을 때, 중국을 별로 알지 못한다고 몇 번이나 해명했던 하버마스였지만, 이 대답으로 볼 때 결코 중국을 전혀 모르는 손님은 아니었던 듯하다.

중국에서 인권 문제와 민주주의에 관해 말했던 하버마스에 대해서 서로 상이한 입장에 섰던 사람들이 각기 다른 의견을 가졌던 것은 자연스러운 반응이었지만, 이들 역시 사상계의 귀빈으로서 중국을 방문했던 하버마스의 솔직한 태도에는 감탄을 금할 수 없었다. 그 진지한 자세는 동시대의 과제를 생각하고 있던 중국의 학자나 일반 지식인들에게 강력한 영향을 줄 수밖에 없었다.

비록 나라의 사정이나 문화 전통이 다르다는 이유가 있다고는 하나, 그의 발언이 중국의 현상에 합치하지 않는 부분이 있더라도, 생각해볼 거리가 많다는 것은 틀림없다.

—

국제화 시대에 국민 국가의 존재 형태란?

이 장을 시작할 때 짧게 언급했지만, 코소보 문제가 원인이 되어 하버마스의 중국 방문이 연기된 적이 있었다. 냉전 후 새로운 세계질서가 한창 모색될 때 세계 정세를 바라보는 하버마스의 시각이 중국에서 공명을 얻기는 어려웠다. 논의의 핵심은 인권 침해를 이유로 어떤 주권 국가를 군사력으로 공격할 수 있는가라는 점에 있었다. 나토에 의한 군사 개입을 지지하는 하버마스를 제국주의적이라고까지 비판하는 학자도 있는 가운데, 하필 국민 국가를 강연의 주제로 선정한 것이다. 이 강연은 중국공산당 중앙당교中央黨校와 푸단대에서 진행되었는데, 제목은 「세계화의 압력 아래에서의 유럽 국민 국가」였다. 국민 국가의 존재 형태 문제는 실은 중국 학계에서도 자주 논의되어온 주제였다. 또한 강연 장소가 중국공산당 중앙당교였다는 것은 놀라울 정도로 주목할 만한 사실이다. 이 학교는 중국공산당 간부를 연수시키는 곳으로 공산당 지도부 가운데 한 사람이 교장을 겸직하는, 다시 말해서 공산당 기관 중 최고 수준의 인재양성기관이다. 하버마스는 여기에서 강연했을 뿐만 아니라, 그곳의 책임자이자 공산당 지도부의 브레인이기도 한 이론가와도 환담을 나누었다.

강연에 관한 이야기로 돌아가보자. 하버마스는 세계적인 규모로 진행되는 세계화 덕택에 국민 국가는 주권, 행위 능력 및 민주주의라는 측면에서 상처를 입고 있다고 지적했다. 자본은 국경을 아랑곳하지 않고 곳곳에 자유롭게 드나들고 있고, 국가는 시장에 매몰되었기 때문이다. 그 때문에 국민 국가는 자국의 세수를 충분히 사용하여 경제 성장을 자극할 수 없었고, 그 자신의 합법성의 기초도 확보할 수 없는 위험에 직면하고 있다. 이러한 세계화의 태풍 속에서 하버마스가 예로 들었던 것은 EU였다. 그의 설명에 따르면, EU는 국민 국가를 초월한 최초의 민주주의적 사례였다.

유럽 외부에 있는 우리가 보아도 알 수 있듯이, EU에 의해 국제 무대에서 유럽의 정치력과 정치적 발언권은 좀더 커졌다. 그리고 유럽 내부의 경제 발전에 있어서도 큰 추진력이 되었고, 분명히 전통적인 민족 국가를 극복하기 위한 귀중한 실험을 하고 있다고 말할 수 있다. 그러나 이러한 실험은 동아시아 국가들에 어느 정도까지 참고가 될 것인가. 강연 기록을 읽었을 때 분명하게 느껴지는 것은 하버마스가 오늘날 국민 국가가 직면한 여러 문제를 해결할 때 EU 통합을 하나의 성공적인 모델로 평가하고 있다는 점이다. 이러한 시각에서 그는 다음과 같이 결론을 맺고 있다.

> 만약 정치가 시장을 따라잡아야 한다면 이들의 관리 조직
> (WHO나 세계은행 등—인용자)은 회의, 수속과 기구로 이루
> 어진 비슷한 다자간 네트워크의 도움을 받아야 하는 것이
> 고 그 목적은 환경 보전의 임무뿐만 아니라, 사회정치, 금
> 융정치 및 경제정치의 임무도 이어받는 것입니다. 이렇게
> 해서 평화를 확보하는 것을 자신의 사명으로 하는 UN의
> 정치적 결정이 처음으로 그 기초를 확보할 수 있습니다. 이
> 러한 관리 조직은 세계정부는 아니지만, 다자간 상호조정
> 형의 세계정부를 가능하게 합니다.[126]

하버마스는 이 강연에서 얻은 결론이 중국·일본과도 관계가 있다고 말하고 있다. 그가 말하고 싶은 것은 미국, 유럽 및 중국과 일본 사이의 경제적·정치적 문제를 해결하기 위하여 EU의 모델을 참고해야 한다는 것이다. 이 발상의 배후에 있는 이념은 실은

코소보 분쟁 때의 하버마스의 입장과 같은데, 그의 논리가 지닌 일관성을 명확히 느낄 수 있는 강연이었다. 바로 이 점을 놓고 중앙당교에서는 강연이 끝난 뒤 토론이 벌어졌다.

어떤 중국 학자는 이러한 하버마스의 생각이 칸트의 세계시민이나 영구평화 등의 이념 속에서 이미 보인다고 지적했다. 계속해서, 문제는 국가와 국가 간에 유효한 강제 수단이 없다는 것, 그러한 도덕적인 이념을 국가 간의 관계에 적용시키는 것이 과연 유효한가, 또한 어떤 유효한 강제 수단으로 국가 간의 정의와 질서를 지킬 것인가라는 질문이 바로 정면에서 제기되었다. 필자가 가지고 있는 질의응답 기록이 완전하지는 않다. 하버마스가 이러한 질문을 받아들여 생각을 바꾸었다는 언급은 찾을 수 없다. 그럼에도 하버마스 자신이 중국에서 그의 세계질서에 관한 견해를 발표하고, 다른 의견을 가진 중국 측의 학자들과 논의한 자체가 매우 중요하고 커다란 의미가 있다고 생각된다.

중국 학자들의 질문은 공통적으로 항상 국가주권을 우선적으로 생각한다는 것이 특징이다. 이는 무엇보다도 근대 이후의 식민지라는 트라우마가 있기 때문일 것이다. 이 점이 하버마스와 중국 측이 주권과 인권 관계를 둘러싸고 서로 다른 견해를 고수하는 하나의 원인이라고 생각한다. 새롭고 합리적인 국제관계를 구축하려고 하는 하버마스의 성의에 대해서 필자는 전혀 의심하지 않지만, 중국 측 학자는 기본적으로 고전적인 국가주권의 관념에 따라서 문제를 사고하고 있기 때문에, 양자 간에 일치점을 찾아내기까지는 아직 시간이 꽤나 걸릴 듯하다.

'현대의 헤겔'이라는 평가

지금까지 소개한 하버마스의 강연은 정치사상과 국제관계론적인 것이지만, 철학적인 테마에 관한 강연도 있었다. 칭화대淸華大에서의 강연 「실천이성의 실용성, 윤리적 및 도덕적인 응용에 대하여」, 최근 인문 분야에서 매우 활기를 띠고 있는 화둥華東사범대에서 진행한 「다시 이론과 실천의 관계에 대하여」가 그렇다. 관계자에 따르면, 하버마스는 중국사회과학원의 독일 철학 연구자와 상담한 뒤에 모든 주제를 결정했다고 하는데, 상당히 이론적인 내용의 이 두 강연도 중국 사상계가 갖고 있던 문제를 염두에 두고 선택한 것으로 추측할 수 있다.

최근에는 대학자보다도 지도자를 배출하고 있고 이과 계통의 학생이 압도적으로 많았던 칭화대에서, 앞서 서술한 대로 철학 중에서도 상당히 이론적인 강연을 했음에도 불구하고, 실로 대성황을 이루었다고 한다. 학생들 역시 이 거장의 강연을 들을 수 있다는 것 자체를 귀중한 기회라고 생각했기 때문에 열심히 경청했다.

청화대 강연에서 하버마스는 긴 역사를 갖고 있는 윤리적 문제를 언급했다. 이는 "우리는 무엇을 해야 할까. 어떻게 해야 할까"라는 문제였다. 고전윤리학의 출발점이기도 한 이 문제를 설명하기 위해 하버마스는 일상생활에서 사례를 들면서, 실제 문제를 둘러싸고 우리가 어떻게 결단 내릴지를 상세히 분석했다. 같은 세대의 저명한 철학자 찰스 테일러의 자아에 관한 관점도 인용하면서 중요한 가치판단은 자기 이해와도 연관을 맺고 있다고 지적했다.

아리스토텔레스의 윤리학과 칸트 철학을 바탕으로 윤리적 사고와 도덕적 사색의 차이를 구별하면서 하버마스는 계속 고찰을 해나갔다. 그에 따르면, 문제 상황에 따라서 "나는 무엇을 해야 하는가"라는 질문은 실용적·윤리적·도덕적 의미를 갖는다. 이에 상응하는 실용적인 토의의 목적은 그에 어울리는 방법과 실천 가능한 계획을 추천하는 것임에 비해서, 윤리적–실존적인 토의의 목적은 생활에 관한 올바른 방향과 개인의 삶의 형성에 조언하는 것이고, 도덕적–실천적인 토론의 목적은 규범에 의해 조정되는 행동 분야의 충돌에 대한 공정한 해결책을 둘러싼 합의다.[127] 이 철학 논문과 같은 논의를 전개하면서 하버마스는 실천 철학의 세 가지 위대한 전통, 즉 아리스토텔레스의 윤리학, 공리주의 및 칸트의 윤리학을 비판적으로 고찰했고, 헤겔 철학의 유산도 계승한 자신의 토의적 실천 윤리를 소리 높여 설명했다.

이 강연의 마지막 부분에서 하버마스는 보편주의의 이름으로 아웃사이더의 권리를 갖고 있는 타자를 배제하는 행위에 반대 의사를 표명했다. 왜냐하면 이는 보편주의의 이념 그 자체를 배반하는 것이 되기 때문이다. 그의 설명에 따르면, 개인의 생활사 및 특수한 라이프스타일에 대해서 열려 있는 태도를 취하는 것이야말로 보편주의가 모든 사람을 동등하게 존중할 수 있다는 걸 증명하는 일이기 때문이다.[128]

독창적인 토의적 윤리학의 원리를 말했던 하버마스에 대해서, 이 강연을 중국어로 번역했던 중국사회과학원의 철학연구자인 간샤오핑甘紹平은 그 주지를 긍정한 뒤에 하버마스에게 다음과 같은 질문을 던졌다. 토의적 윤리를 적용하는 전제는 토의에 참가하는 자가 동등한 권리와 능력을 갖고 있어야 한다는 것이지만, 이 토의에 참가할 수 없는 사람들의 대표권은 어떻게 해야 할 것인가. 예를 들면 태아, 유아, 정신병자, 식물인간 및 미래 세대들은 어떻게 생각해야 할까라는 질문이었다. 이에 대해서 하버마스는 논의에 참여하는 행위 주체 가운데 위와 같은 사람들을 대표하는 이가 나서서 그 입장에서 그들의 이익을 대변할 수 있는 사람들에게 기대할 수밖에 없다고 대답했다.[129] 더 나아가서 간샤오핑은 독일에서 점차 뜨거워지는 줄기세포에 관한 논의에 관해서도 질문했지만, 하버마스는 그것의 이율배반적 어려움을 인정하는 것으로 논의를 마무리 지었다고 한다.

화둥사범대에서의 강연 제목은 그의 주저 『이론과 실천』과 비슷한 「다시 이론과 실천의 관계에 대하여」였다. 이 강연도 철학적인 것이었지만, 칭화대 강연보다는 이해하기 쉬워 현대사회에서 철학의 역할을 주된 화제로 삼았다.

현대에서 철학과 같은 이론은 실천과 어떠한 관계에 있는가. 하버마스는 플라톤과 아리스토텔레스로 대표되는 두 가지 견해로부터 논의를 시작했다. 그리고 칸트와 키르케고르 이후, 현대의 윤리학은 생활 지침이라는 의미에서 고전적인 윤리학을 단념하고 그 대신 개인이 특정한 반성 방식을 선택하여, 그가 자기다운 인생을 실현할 수 있도록 조언을 제공하는 것으로 전환했다고 지적했다. 루소, 칸트 및 헤겔의 이론과 실천의 관계에 관한 논술에 대해 이야기하면서 하버마스는 마르크스를 언급하고, 마르크스의 이론이 지닌 오류를 지적했다. 그의 말에 따르면, 마르크스는 헤겔의 이론을 일종의 경제 비판으로 전환하여, 당시 자본주의의 실천적 전복을 도모했다고 한다. 마르크스는 이를 철학에 대한 지양인 동시에 철학의 실현이라고도 생각했지만, 그 극단적 사상은 이미 잘못된 것임이 증명되었다. 소련의 실험이 괴멸적인 실패로 돌아감에 따라 그 극단적인 사상이 부정된 것이 아니라, 마르크스식의 '이론에서 실천으로'라는 사고 모델 자체가 원래 서양 마르크스주의 내부에서도 비판받았다는 것, 이렇게 하버마스는 자기 이론의 주된 원천 가운데 하나인 마르크스의 역사를 총괄했다.

하버마스의 이 강연을 읽고 있노라면, 마치 20세기 사회주의의 역사와 그 지배 이념을 총괄하려는 듯한 느낌을 지울 수 없다. 특히 오늘날에도 마르크스주의를 국가 지배 이념으로 삼고 있는 중국에서 학자들을 앞에 두고 말했다는 점을 생각하면, 그의 '제국주의적인' 주장을 비판했던 중국 학자들이 말한 것과는 달리, 하버마스의 지적 성실성은 명확했다.

20세기의 역사를 크게 좌우하는 중요한 정치·사회 이론이 실천 속에서 참패를 경험한 뒤, 철학은 여전히 그 합법성을 유지할 수 있을까. 이것은 오래전부터 하버마스의 관심사였을 뿐만 아니라, 그의 중국 동료들도 강한 관심을 갖고 있던 문제였다. 철학은 헤겔 시대처럼 분에 넘치는 자신감을 지니는 게 더 이상 불가능해졌기 때문에, 그는 중국 청중 앞에서 다음과 같이 말했다.

한쪽 다리를 조직된 학문의 세계에 계속 두려고 하는 철학은 모든 학문의 오류 가능성이라는 의식으로부터 달아날 수 없기 때문에, 진리에 대한 열쇠를 쥐고 있는 듯한 태도는 그만두어야 합니다. 만약 철학이 전과 다름없이 인생에 방향을 제공하려고 생각한다면, 그다지 극적이지 않은 방법으로 행하지 않으면 안 됩니다. 그렇게 한다면 철학은 한층 더 겸허한, 더 현실적인 자기 이해에 도달해서 분화된 현대사회에 자신을 적응시켜갈 수 있습니다. 이처럼 실용화된 철학은 현대세계 전체에 대항하려는 오만한 태도를 버리고, 오히려 이 세계에 몸담음과 동시에 이 세계에 대한 해석을 통해서 자신을 자리매김해야 합니다. 구체적으로 말하면 기능적으로 분화된 몇 가지 역할을 맡아서 특정한 공헌을 해야 한다는 것입니다.[130]

이러한 새로운 철학의 역할에 대한 설명을 통해 알 수 있듯이,

계몽주의를 비판하면서 단호하게 그 기본적인 가치를 계승하고 자 하는 하버마스는 철학을 결코 방기하는 것이 아니라, 현대사 회의 현실에 맞추어서 좀더 현실적인 대응을 선택했으며, 전지전 능한 사명감을 버리고 겸허하게 이성의 보호자로서의 역할을 맡 았다고 할 수 있다.

강연 후반부에 이르러 하버마스는 『의사소통행위이론』이나 『도덕의식과 소통적 행위』에서 철학의 역할을 논한 부분에 바탕 을 두고 오늘날 철학의 중요한 사명을 이야기하고 있다. 이 설명 에 따르면, 오늘날 철학이 그 역할을 짊어질 수 있는 것은 문화, 사회와 개인, 생활세계의 개인 영역과 공공 영역이다. 이러한 영 역에서 철학은 완전히 하나의 역할만으로 참여할 수 없고, 어떤 특정 역할을 초월할 때야말로 그 역할을 수행할 수 있다고 그는 말하고 있다. 만약 철학이 완전히 분업체제를 따른다면, 가장 훌 륭한 부분인 아나키즘적인 유산, 즉 고정화되지 않은 사상이 되 는 것을 포기하는 것이다. 이렇게 사고하기 때문에, 그의 사상은 오랜 사대부 전통을 지니고 있는 중국에서도 커다란 공감을 불러 올 수 있었던 것이다.

화둥사범대에서의 강연 끝부분에서 하버마스는 루소에서 시 작해서 헤겔과 마르크스를 거쳐서 밀과 듀이에 이르는 정치철학이 유럽 근대화에 끼친 거대한 영향에 관해 언급했다. 그는 오늘날에는 인권을 둘러싼 의견이 갈라지는 문제가 있다고 지적한 뒤, 국제법을 세계시민법으로 바꿔가야 할 필요성도 언급했다. 여기에서도 우리는 하버마스의 강연이 결코 그 자신의 철학 사상을 '포교'하는 것이 아님을 이해할 수 있다. 그의 일관된 철학적·정치적 신념을 조금도 곡해함 없이 오히려 그에 따라서 현대사회의 존재 형태에 대해서 진지하게 사고하고 중국 지식인과 교류했던 그의 모습은 매우 인상적이었다.

하버마스 중국 방문의 성과

시간의 제약이 있었다고는 하나, 하버마스는 중국 학자와 꽤 자극적인 논의를 할 수 있었다고 한다. 특히 『독서』 편집부와 상하이 대형 출판사 그룹에서 행한 두 번의 좌담회를 비롯하여 중국의 대표적인 지식인과의 회합은 서로에게 인상 깊은 논의가 됐던 것 같다. 일련의 좌담회에서 하버마스는 특히 중국의 법률제도나 인권 문제, 종교 문제 및 중국 사상계에서 벌어진 자유파와 신좌파의 논쟁 등에 강한 관심을 보였다고 한다.

하버마스가 중국에 와서 말했던 바에는 자본주의에 대한 비판도 당연히 있었지만, 전체적인 인상은 서구 마르크스주의에 입각한 비판 이론의 대가라기보다도 자유주의·민주주의의 '전도사', 보편적인 가치로서의 인권의 변호인이라고 말하는 쪽이 진실에 가까울 것이다. 민주주의와 자유와 본질이라는 상호의존관계에 있는 철학은 이것들을 지켜야 할 사명이 있다는 그의 지적은 주목할 만하다. 중국사회과학원의 연구자들 모임에서 그는 "공법이야말로—이는 좌파의 생각이기도 합니다만—실제 시민의 모든 기본 권리를 의미하고, 각종 정치적인 기본 권리도 포함하고 있습니다. 즉 민주주의 국가에서 시민의 상황을 정의하는 기본적인 권리인 것입니다. 이 일련의 법률이 자유를 구성하고 있습니다. 공법에는 시민의 각종 권리, 즉 언론의 자유, 결사의 자유, 종교의 자유 등이 포함되어 있습니다"라고 자신의 정치적 입장을 언명하고 있다.[131] 그는 중국공산당 중앙당교에서 강연한 뒤, 뒤풀이 자리에서 공산당의 중요한 이론가를 앞에 두고 집권당으로서 중국 근대화를 이끄는 가운데, 특히 세계화 시대에 중국공산당이 조금 변해야 하지 않겠냐고 솔직한 생각을 털어놓았다. 다만 동시에 균형 감각도 빼어난 그는 중국공산당의 지도로 최근 중국이 커다란 변모를 이뤘다고 높이 평가하는 것도 잊지 않았다.[132]

중국의 현재 상황과 관련, 외외로 포스트모더니즘이 수용되어 있다는 점에 대해서도 하버마스는 강한 관심을 보였다.『독서』편집부가 주최한 좌담회에서 푸코 이야기를 여러 차례 들었던 그는 그 후 상하이에서 열린 좌담회에서 포스트모더니즘이 어째서 중국에서 유행하고 있는지를 물었다고 한다. 중국에서의 포스트모더니즘의 유행에 불만을 품고 있던 하버마스는 그의 저작을 오랫동안 정력적으로 번역해왔던 중국 연구자에게 하루속히『현대성의 철학적 담론』을 번역해줄 것을 요청했다고 한다. 마치 중국이 그와 프랑스 포스트모더니즘 철학자와의 제2의 전쟁터가 된 것 같은 느낌이었다.

확실히 중국의 경제력은 눈부시게 성장했지만, 아직 근대화가 실현되지 않았다는 현상 인식을 갖고 있는 필자가 보기에도, 중국에서 포스트모더니즘이 유행하는 것은 좀 불가사의한 현상이다. 흥미로운 것은 하버마스가 이와 같은 현대 사상의 유행을 알고 자신의 주저 가운데 하나를 그 '해독제'로서 추천했다는 사실이다. 이제야 중국 사상계도 현대 사상을 단지 수동적으로 수용하는 것이 아니라, 논쟁의 한 참여자로서 함께하는 단계에 올라섰다는 것을 의미하는 일화가 아닐까.

중국에 체재할 때 그는 귀국한 뒤에도 중국을 좀더 연구하고 싶다, 그리고 가능하다면 중국에 관한 책을 한 권 쓰고 싶다고 말했다고 한다.133 방문 중에 받은 대환영에 대한 감사의 립 서비스라고 의심할 수도 있지만, 귀국 후 하버마스는 중국과 아무런 관련이 없는 어느 시상식에서 중국 여행을 매우 높이 평가했다고 한다. 20세기 마르크스주의와 사회주의의 실천을 총괄할 때 수많은 귀중한 교훈을 남겼던 중국 마르크스주의 실천의 역사는, 하버마스에게는 결코 단순한 강 건너 불구경일 리가 없었던 것이다.

한편, 중국 사상계에 미친 하버마스의 영향을 말하자면, 하버마스에게 미친 영향 이상으로 큰 것이 남아 있는 듯하다. 하버마스의 방문 중에 지근거리에서 그와 이야기를 나눴던 간샤오핑에 따르면, 중국처럼 근대화 단계에 있는 나라에는 하버마스의 사상에 공명하는 사람들이 많다고 한다. 중국의 전통을 고찰하면 알 수 있듯이, 개인보다는 집단을 중시하고 자주독립의 이념적 전통이 약했기 때문이다. 근대사회를 향해 구습을 탈피하려는 사회에 하버마스의 지적 업적은 많은 면에서 자극과 충고를 줄 수 있다고 필자는 생각한다.

일본에서 하버마스 소개와 연구에 힘을 쏟고 있는 미시마 겐이치 三島憲一는 하버마스의 81세 생일에 즈음하여 잡지 『도이칠란트 Deutschland』에 「일본에서의 하버마스 위치」라는 글을 기고했다. 이

글의 첫머리에서 미시마 겐이치는 근대사회에 대한 하버마스의 이론이 일본에 뿌리내리기 어려운 것은 아닐까라는 의문을 드러냈다. 만약 사실이 그렇다면 근대사회로의 변용을 일찍이 성공시킨 일본 이상으로 중국은 더 뿌리내리기 어렵지 않을까라는 의문이 드는 것도 어쩔 수 없을 것이다. 2008년 독일에서 비판 이론 심포지엄이 열렸을 때 하버마스의 애제자로 프랑크푸르트학파 제3세대를 대표하는 악셀 호네트가 중국에서 온 참가자에게 비판 이론이 중국에서 어떻게 활용되고 있는지를 질문했지만, 만족할 만한 답을 얻지 못했다고 한다. 이론에 의한 비판은 결코 간단한 작업이 아니다. 특히 당시의 권력을 비판하는 경우 더욱 어려운 일이다.

그러나 그렇다고 해서 문화나 사회 내지 정치 제도의 다른 맥락에서 하버마스의 이론을 섭취할 수 없는 것은 아닐 것이다. 미시마 겐이치의 다음과 같은 발언에 필자는 완전 동감한다.

독일 문화나 사회의 맥락은 독자인 일본인이 처한 문맥 가운데서도 어쨌든 깊숙이 파고들어오고 있다는 것을 잊어서는 안 된다. 왜냐하면 현대의 우리는 어떤 나라에 살든지 간에 공통의 지반에 놓여 있기 때문이다. 이러한 문제는 나치의 과거든, 또한 지식인의 존재 형태든, 환경 문제든 한 국가 내부에 머물지 않는다. 그런 의미에서 개개의 국가 내부의 공론장이라는 것은 다른 국가 내부의 논의의 장과 복잡하게 뒤얽혀 있다. 논의는 국경을 넘어서 뒤엉켜 있다.[134]

독일 문화나 사회의 맥락은 중국 독자들이 놓인 문맥에도 깊숙이 파고들어 있다고 할 수 있을 것이다. 문화대혁명과 같은 총괄해야 할 과거, 너무나 긴 비非민주주의적인 정치 전통, 혁명의 시대로부터 경제를 중시하는 시대로 전환하는 시기를 살았던 지식인의 존재 형태, 엄청난 경제 발전에 수반된 심각한 환경 문제 등 금융 위기가 발생했던 이후의 각국 상황을 보면 알 수 있듯이 문자 그대로 "논의는 국경을 넘어 얽혀 있다." 그러한 의미에서는, 지금까지 살펴본 것처럼 중국의 지식 사회가 하버마스에게 강한 관심을 갖고 있는 것도 이해할 수 있고, 하버마스가 중국에 깊은 관심을 갖고 있는 것도 납득할 수 있을 것이다.

칸트나 헤겔의 독일 관념론, 마르크스의 경제·정치사상, 근대 이래 독일 철학 사상은 중국의 사상 문화 및 사회 발전에 상상을 뛰어넘을 정도로 절대적인 영향을 끼쳐왔다. 오늘날에도 하버마스를 비롯 과거의 지적 유산을 포함한 독일 철학 사상은 여전히 중국에서 매우 주목받고 계속 연구되고 있다. 이후에는 하버마스의 이해가 '탈맥락화와 재再맥락화'를 끊임없이 행하면서, 비판 이론으로 성장하는 것이 중요할 것이다. 이 점이야말로 아직 철학을 포기하지 않고 있는 중국 지식인의 사명이라고 필자는 믿고 있다.

자유와 정의에 대한 열정적인 사고

: 하이에크, 벌린, 롤스

시장 경제에 대한 알레르기가 사라진 뒤

최근 10여 년간 중국 사상계에서 논의가 가장 활발하게 이루어진 분야는, 많은 외국 독자는 의외라고 할지 모르지만, 바로 정치철학이었다. 하버마스 역시 이러한 논의 가운데 중요한 위치를 차지했지만, 관심을 불러일으킨 사람은 그뿐만이 아니었다. 1990년대 후반부터 정치철학과 관련된 서적이 다수 출간됐는데, 그중에서도 자유주의에 관한 것이 압도적으로 많았다. 이는 실로 놀랄 만한 현상이다. 1949년 이후 오랫동안 중국에서 자유주의는 악명 높은 것이고 항상 마르크스주의의 '적'으로서 매도된 사조이기 때문이다.

왜 정치철학인가, 어째서 공식 이데올로기와 물과 기름 관계에 있는 자유주의와 같은 사상이 매우 주목을 받게 되었는지 우선 그 배경을 설명해보고자 한다. 1990년대에 들어오면서 중국의 인문사회과학계는 학문 간의 제도화가 급속히 진전되어 학술규범 등이 강조됐기 때문에 학제 간의 논의는 점차 어려워졌다. 학문의 규범을 중시하는 것 그 자체로는 필요한 일이지만, 유감스럽게도 마루야마 마사오의 말을 빌리자면, '문어 항아리 유형タコツボ型'[135]의 학계가 동시에 계속 형성되고 있었다. 하지만 그런 가운데 정치철학이라는 분야는 철학, 정치학 나아가 사상사 역시 들어 있기 때문에 그 횡단적인 성격이 사회의 존재 형태나 진로를 논의하는 데 매우 좋은 무대를 제공할 수 있는 것이다.

중국은 1992년 이후, 경제 발전이 급속히 진전되는 가운데 과도기의 사회가 어디로 향해가는가, 인간과 국가의 존재 형태는 어떠해야 하는가라는 문제에 지식인들의 관심이 쏠리고 있었다. 이것과 연동하도록 고금동서의 정치·사회 사상이 노도처럼 소개되기에 이르렀다. 그 가운데 우선 거론해야 할 것으로 자유주의를 들 수 있다. 이 시기 번역된 정치철학의 고전적 작품을 보면 놀랄 수밖에 없다. 예를 들면 고전적 자유주의를 논했던 미제스의 『자유주의』나 헤겔이나 마르크스를 비판한 카를 포퍼의 『열린 사회와 그 적들』, 하이에크의 『예속에 이르는 길』의 새로운 번역이나 『자유의 조건』 등 자유주의를 제창한 서적이 속속 소개되고 있었다. 자본주의인가 사회주의인가라는 논쟁을 차치하고, '발전이 가장 중요하다'라는 지상명제를 내걸었던 중국은 나중에 WHO의 가입으로 상징되듯이, 경제적인 면에서는 세계 자본주의 시스템 속으로의 통합을 한층 가속화시켰다. 자본주의 경제에 대한 알레르기가 해소된 뒤 이를 옹호하는 여러 정치·사회 사상이 그 이전보다도 자유롭게 도입되었다. 특히 이 시기의 중국에서 이채를 띤 것은 하이에크였다.

▬

중국의 하이에크주의

중국 학계에서 정력적으로 그의 사상을 연구하는 학자가 나타나기 시작했다. 하이에크가 중국의 사상계나 학계에 준 영향은 상당히 컸고, '중국의 하이에크주의'라는 말까지 나올 정도였다. 그 수용의 역사와 요인을 찾아보기로 하자.

제2차 세계대전 이전 하이에크가 영국의 명문 대학인 런던정경대에서 교편을 잡고 있을 무렵, 이미 그는 중국인 제자를 두고 있었다. 그러나 1949년 이후 중국 대륙에는 마르크스주의에 반대하는 사상가로서 『예속에 이르는 길』을 포함하여 두세 가지의 번역(내부 출판물로서)을 제외하고 하이에크의 사상을 연구하는 것은 사실상 불가능했다. 1979년 이후, 중국 경제는 조금씩 계획경제와 작별을 고하고 시장경제로 이행하기 시작했기 때문에, 하이에크의 경제 이론도 서서히 평가를 받기에 이르렀다. 그의 『예속에 이르는 길』을 읽고 문화대혁명이 지닌 근본적인 문제점을 깨달았다고 술회하는 경제학자까지 등장할 정도였다. 그러나 그의 명성에 비하여 그에 관한 연구나 저작의 번역은 미미한 수준에 불과했다. 하지만 1990년대에 이르러서는 점차 본격적인 하이에크 붐이 일었고, 주저가 중국어로 번역되었을 뿐만 아니라, 그의 사상을 여러 측면에서 연구한 책도 나타나기 시작해 현재는 견실한 연구가 진전되고 있다.

하이에크는 경제학자로 출발했지만 정치철학이나 법철학 등의 분야에도 커다란 족적을 남긴 인물이기 때문에 그의 업적은 인문사회과학의 많은 중국인 연구자에게 주목을 받았고, 바로 최근까지 십수 년간 중국 사상계에서 주도적인 지위를 점하고 있다

고 할 정도였다. 특히 자유주의를 제창한 학자들이 그의 사상에
강한 관심을 보이고 있다. 이는 역시 중국의 현실을 생각하는 데
하나의 선택이 될 것이다. 즉 중국의 자유주의자들에게 하이에크
이론이 지닌 매력은 개인의 자유, 시장경제 및 법치 질서 등의 측
면에서 강력한 사상의 무기를 제공한 것이다. 3자의 관계에 대해
서 다수의 저작을 통하여 고찰했던 하이에크의 견식에 같은 방향
을 지향한 중국의 학자들이 공명했고, 이를 자신의 사상적 자원
으로 삼아 중국의 하이에크주의를 구축하기 시작했던 것이다. 오
늘날 대표적인 하이에크 연구자인 가오취안시高全喜는 중국에서
하이에크 사상의 중요성을 다음과 같이 말하고 있다.

하이에크주의는 1980년 말에 중국에 등장하여 자유, 법
치, 헌정 정치와 법률에 관한 이론, 계획경제, 전체주의와
정치적 유토피아에 대한 해부와 비판 그리고 자생적인 질
서에 관한 사회 생성의 메커니즘에 대한 학설, 지식의 한
계설을 제창한 지식사회학과 이성의 오만한 독단론에 대
한 엄격한 비판, 이는 5·4운동 이래의 여러 자유주의 사상
이론보다도 풍부하고 깊으며, 복잡하고 새로운 사회정치이
론을 제공하고 있다. 거의 15년간 중국의 지식계에서 주도

적인 지위를 점하고, 중국에서 사회정치이론의 지식 체계
가 형성되기 시작했다는 것을 상징한다.[136]

위의 글을 읽으면 일본처럼 헌정체제나 시장경제가 정착한 나
라에서의 하이에크 수용과정과는 매우 다른 특징이 있다는 점을
분명히 알 수 있다. 본격적인 헌정국을 만들기 위해 어떻게 하면
좋을까라는 문제를 생각하는 중국 학자들에게는 래디컬한 이론
대신에 하이에크와 같은 전통 개량이나 절도 있는 계몽을 주장한
사상이 상당히 매력적일 것이다. 개혁하는 중에도 전통을 유지하
고, 점진주의 가운데 밀도를 높여간다는 것이 가장 유효하게 사
회를 개조하는 방법이라고 생각한 것이다. 이처럼 중국판 보수적
자유주의는 하이에크 사상의 영향을 받아서 비로소 생겨나기 시
작했다.

그러나 사상의 이식을 일상다반사라고 해야 할까. 오늘날 중
국에서 하이에크는 이미 유행이 지난 인물이 되고 말았다. 그 대
신에 카를 슈미트나 레오 스트라우스 등이 인기를 끌고 있다. 이
렇게 된 것은 중국의 하이에크주의자들이 몇 가지 문제에 관해서
제대로 된 처방전을 낼 수 없었기 때문이라는 지적도 있다. 앞서
언급한 가오취안시의 분석에 따르면 중국의 하이에크주의는 다

음과 같은 약점을 지니고 있었다.

하나는 국가의 문제다. 역성혁명의 기나긴 역사를 지닌 중국이 어떻게 현대 정치로 이행해야 할 것인지, 그 국가의 존재 형태 및 내정 외교에 관해서 중국의 하이에크주의자는 설득력 있는 제안을 내놓을 수 없었다. 또 한 가지는 시장경제가 만능이 아니라는 점이 이미 밝혀졌다는 것이다. 최근 금융 위기는 차치하더라도 오늘날 중국에서는 권력과 자본이 한 몸이 되어버린 자본주의를 뜻하는 '권귀자본주의權貴資本主義'라는 새로운 용어가 곧잘 쓰이고 있다. 이처럼 사회 정의가 매우 손상을 입었는데도 중국의 하이에크주의자들은 이에 대해서도 특별히 유용한 대책을 고안해낼 수 없었다. 그리고 가장 중요한 문제는 30년에 달하는 경제개혁을 거치면서 산적한 문제가 이미 시장경제의 법치화만으로는 해결될 수 없는 수준에 도달했다는 점이다. 바꾸어 말하자면 정치 문제의 법률적 해결이라는 하이에크 이론 틀이 이미 기본적으로 불가능한 지경에 이르렀던 것이다. 이는 근대 이래의 중국이 줄곧 해결할 수 없었던 난제이고, 하이에크의 이론만으로는 대응할 수 없다고 중국의 대표적인 하이에크 연구자조차 이렇게 탄식하고 있다.[137]

그러나 이러한 문제점이 있다고 하더라도 이 20년에 가까운 세월 동안 중국 학계에 가져다준 하이에크 사상의 충격은 과소평가할 수 없다고 생각한다. 20세기 후반 중국의 우수한 두뇌는 정치의 압력에 의해서 오랜 기간 독립적인 사고를 할 수 없었기 때문에(공산당의 전임 고관이자 마오쩌둥에 대한 개인숭배를 비판했을 뿐만 아니라, 전제주의까지도 도마 위에 올려놓은 구준顧準[138]과 같은 사상가는 예외 중의 예외다), 하이에크는 귀중한 이론적 도구를 중국 사상계에 제공했다고 할 수 있다. 하이에크는 자신의 관심에서 출발해서 계획경제와 시장경제 같은 커다란 문제를 탐구했기 때문에, 당연히 중국이 당면한 문제의 모든 처방전을 그의 사상에서 구해서는 안 될 것이다. 그의 사상에 공명할 수 있는 부분을 흡수하면서 자신의 문제를 해결하는 실마리를 찾아야 한다. 중국 사상계에 대한 오랜 영향을 생각하면 그는 충분히 커다란 발자취를 남겼다고 할 수 있다. 하이에크가 사망한 뒤 시카고대 시절의 제자이자 중국계 철학자인 린위성林毓生은 『독서』에 추도 에세이를 기고하고, 하이에크의 지적 공헌에 대해서 다음과 같이 찬사를 보냈다.

하이에크는 한평생 현대 사회에서 고전적 자유주의의 참신한 의미를 제창했다. 그는 20세기가 인류 역사상 미신에 가장 미혹된 세기라고 생각하고 있다. 계획경제는 그가 여러 번 거론한 테마로, 그의 생각에 계획경제는 근본적으로 불가능한 것이다. 근래 계획경제를 가장 심화했던 나라들이 잇달아 방향 전환을 했던 것은 하이에크 사상이 지닌 선견지명과 그 사상이 지닌 폭을 증명하고 있다.[139]

하이에크로부터 직접 가르침을 받은 학자가 내린 이 총괄적 결론은 현대 중국에 대해 스승이 지닌 의미의 일단을 보여준 것이라고 할 수 있다. 시장경제라는 이념이 중국에 침투했다는 것을 생각하면 이 과정에 하이에크의 영향이 있었다고 누구도 부정할 수 없을 것이다.

—

중국의 독자도 공감했던 자유론: 계속 주목받는 이사야 벌린

하이에크가 일세를 풍미하던 같은 시기, 자유주의를 옹호했던 또 한 사람의 사상가도 중국에 소개되었다. 바로 이사야 벌린이었다. 벌린은 J. 오스틴, A. J. 에어 등과 함께 옥스퍼드 언어철학을 20세기의 주요한 철학 유파의 하나로 궤도에 올려놓았지만, 체계적인 철학자라고는 할 수 없을 것이다. 그의 관심은 지나치게 넓었는데, 예를 들면 롤스와 같은 정치한 사상을 구축할 수는 없었지만, '소극적 자유negative liberty'와 '적극적 자유positive liberty'를 구분하여 '두 가지 자유의 개념'을 통해 세계적으로 유명해졌다.

그가 중국에 소개된 것은 문화 붐이 끝난 직후인 1989년 6월, 마침 5·4운동 70주년이라는 역사적인 해에 벌린의 주요 사상이 간양甘陽에 의해서 『독서』에 소개되었다. 간양에 대해서는 지금까지도 몇 번이나 언급했지만, 여기에서 다시 한번 소개해보고자 한다. 그는 시카고대에서 사회학자 에드워드 실스나 프랑스혁명 연구의 권위자인 퓨레 등의 밑에서 공부한 연구자로, 또한 레오 스트라우스의 애제자인 앨런 블룸의 교육 이념을 중국에 보급했던 학자로 잘 알려져 있다. 1980년대 새로운 계몽기가 절정이었을 때, 지금까지의 중국의 진로나 지식인의 존재 형태를 반성하는 의미도 담고 있는 이사야 벌린의 자유주의를 소개하고 그 이름을 알린 공로자이기도 하다.

그런데 벌린의 저작이 대대적으로 소개되기 시작한 것은 하이에크보다 늦은 2001년이었다. 그때까지는 벌린의 저작보다도, 사상가나 문인을 고슴도치형과 여우형[140]으로 나누었던 그의 유명한 비유가 자주 인용되는 정도였다. 그리고 현재에는 두터운 서

간집을 제외하면 벌린의 주요한 저작은 거의 모두 중국어로 읽을 수 있게 되었다. 벌린이 사망한 뒤에도 그의 뛰어난 편집자인 H. 하디에 의해서 속속 편집된 신간도 빠른 속도로 번역되고 있다.

벌린이 생전에 저술했던 최후의 작품 『나의 지적 경로My intellectual Path』[141]는 자신의 사상 편력을 회고한 짧은 단편이지만 이는 중국 학자들의 요청으로 집필된 것이다. 집필 의뢰가 이루어졌던 것은 1996년 2월, 타계하기 불과 1년 반 전이었다. 그때 이미 89세의 고령이었던 벌린은 사실상 저술을 단념하고 있었지만 요청에 따라서 중국 독자들을 위해 글을 쓸 필요성을 느끼고 집필에 착수했다고 한다.[142]

벌린은 이 짧은 자서전을 제외하고 그때까지 중국을 염두에 두고 무언가를 썼던 적은 없었던 듯하고, 특별히 중국에 대해서 많은 관심을 갖고 있었다고 말하기도 어렵다. 그러나 그의 책을 읽고 다수의 중국 독자는 마치 중국인을 위해서 사색하고 쓴 것 같은 느낌을 받았다고 한다. 적어도 자유의 가치를 옹호하고 전체주의에 의해서 개인의 자유가 유린된 역사를 통감하는 많은 독자로서는 말이다.

친분이 있던 마루야마 마사오丸山眞男의 말을 빌리자면, 벌린은 그의 손에 걸리면 무엇이든 재미있게 만들 정도의 필력을 지닌

인물이었다. 그 정도의 필력과 사상의 파워('the power of ideas'
는 벌린 저서의 타이틀이기도 하다)를 갖고 있다면 독자를 매혹시키
는 것도 불가사의한 일은 아니다. 그러나 특히 중국 독자들의 심
금을 울리는 힘은 도대체 어디에서 나왔을까?

가령 벌린이 러시아에서 태어나지 않았다면 그는 아마도 옥스
퍼드 언어철학의 창시자 가운데 한 사람으로서만 사상사에 이름
을 남겼을지도 모른다. 유대인인 그는 어린 시절에 러시아혁명으
로 인해 망명했기 때문에 민주주의와 자유주의의 전통을 구축한
나라 영국으로 이주하여 귀화했다. 그 후 일생 동안 영국 학문의
중추인 옥스퍼드대에서 교육과 연구에 전념한 그이지만, 몇 가지
문화와 역사를 동시에 살았던 지식인이기도 했다. 러시아혁명,
이스라엘의 건국, 냉전 시기 등 20세기의 수많은 고비를 넘겼고,
특히 역사적 사건에 관여했던 이 철학자는 뛰어난 현실 감각을
지니기도 했다. 그의 문필에 의해서 생생하게 묘사된 러시아 사
상가들의 살아 있는 모습과 그 사상은 중국 독자들에게는 결코
미지의 세계에서 일어난 사건이 아니었다. 말할 필요도 없이 이
는 러시아혁명이 중국혁명의 모범이었기 때문이다. 1949년 이후
서양 선진국과의 교류가 거의 단절되었던 중국에서는 오랜 기간
외국문학이라고 한다면 러시아 소련 문학이고, 제1외국어가 러

시아어였던 시기가 결코 짧지 않았다. 이러한 역사는 벌린과 중국 독자들 사이에 가교 역할을 했다고 할 수 있고, 또한 벌린의 책을 읽을 때 사전 이해의 역할을 해주었던 것이다.

러시아혁명이 발발한 뒤 양친과 함께 혁명의 소용돌이에서 탈출했던 때는 아직 열 살의 꼬마였지만, 폭력을 혐오하는 의식이 자리를 잡게 된 것은 혁명이 지닌 폭력성을 목도했을 때였다고 한다. 그는 소련의 탄생부터 붕괴까지 그 역사적 드라마의 전모를 줄곧 지켜보았을 뿐만 아니라, 러시아 정세나 러시아의 탁월한 지식인들의 동향에 대해서도 항상 주목하고 있었던 제1급의 러시아 관찰자이기도 했다. 러시아의 정신사에 대해서도 밝았던 벌린의 영웅은 19세기 러시아 지식인의 서구파 리더였던 알렉산더 헤르첸(1812~1870)이었다. 일본어로도 번역되었던 헤르첸의 회상록 『과거와 사색』은 벌린의 적극적인 소개에 의해 서양의 지식사회에도 잘 알려지게 되었는데, 러시아 정신사의 멋진 일면을 세계에 알리는 데 크게 공헌했다고 할 수 있다.

레닌도 높이 평가한 바 있는 헤르첸은 실은 중국에서도 매우 잘 알려져 있었다. 이 20년간 헤르첸의 『과거와 사색』은 중국어 번역본이 이미 두 가지나 나와 있을 정도였다. 현대 중국 문학의 거장이기도 한 바진巴金도 평생 그에게 매료되어 스스로 번역하려고 했을 정도였다. 헤르첸이나 투르게네프로 대표되는 서구파와 슬라브파의 논쟁은 중국 근현대사에 비추어볼 때 결코 먼 나라 이야기가 아니었다. 러시아, 소련과 깊은 관계를 맺고 있던 벌린의 논저가 중국 지식인들에게 충격을 가져다주었다는 것은 결코 불가사의한 일은 아닐 것이다. 무엇보다도 내재적인 이해가 통하고 있었기 때문이다. 1980년대 대학에서 벌린의 『러시아 사상가들』을 읽었던 중국 학자들은 그가 말하고자 했던 바를 바로 이해할 수 있었다고 훗날 회고하고 있다.

마음속 깊이 공감을 얻었던 자유에 대한 분석

벌린이 중국의 지식사회에 커다란 영향을 주었던 것은 당연하지만 이들 러시아와 관련된 저술로 인한 것만은 아니었다. 역시 '두 가지 자유의 개념'으로 대표되는 자유에 관한 사상적 충격이 컸다. '적극적 자유'와 '소극적 자유'라고 하는 논의는 자유의 전통이 별로 없었던 중국의 지식인들에게는 정말 읽자마자 눈앞을 덮고 있던 베일이 사라지는 듯한 학설이었다.

간단히 말하자면 벌린의 '적극적 자유'는 어떠한 것에 대한 자유이고, '소극적 자유'는 어떠한 것으로부터의 자유다. 그는 적극적 자유의 가치를 결코 부정하지 않지만, 소극적 자유 쪽을 더욱 강하게 주장했다. 적극적 자유는 근대 이후, 독자들에게 자주 악용되어서 미래 세대의 행복, 공정, 진보라고 하는 숭고한 이상의 실현을 위하여 많은 개인의 자유나 목숨이 희생되었지만, 그러나 그 이상은 결코 달성되지 않았던 통한의 역사이기도 했다. 벌린의 말을 빌리자면 간단한 오믈렛을 만들기 위해서 많은 달걀이 사용되었다. 즉 미래의 이상사회를 위하여 현재의 사람들이 희생된 것이다. 20세기의 많은 혁명을 돌이켜보면 우리는 벌린의 결론이 지닌 생동감과 아픔을 느낄 수 있을 것이다. 문화대혁명 등을 경험한 중국의 많은 독자로서는 더더욱 이러한 자유의 분석과 일원론에 대한 비판을 마음속 깊이 공감했을 것이다.

벌린의 자유론은 영국 등 근대 이후 개인의 자유 상실을 경험한 적이 없는 나라보다도 동구나 중국의 국가들에서 공명하는 사람들이 많았다. 벌린이 타계한 뒤 폴란드 등 동구의 민주화가 실현된 나라들에서도 그의 공적을 높이 평가하기도 했다. 학문적 차원에서 보자면 자유에 관한 벌린의 학설은 반드시 절대적이라고는 할 수 없고, 많은 정치 이론가에게 비판을 받았다. 최근에는 '제3의 자유의 개념'이라는 새로운 학설까지 나온 상황이다. 그러나 벌린의 정치철학을 평가할 때에는 학문적인 동기 배후에 있는 것을 간과해서는 안 된다고 생각한다. 그의 정치철학은 역사상 매우 드문 가혹한 시대를 경험하고 관찰하는 가운데 태어난 것이다. 그리고 정치철학이나 법철학과 같은 학문은 현실의 사회나 역사적인 배경 등을 고려하지 않는다면 탁상공론에 빠지고 말 것이다.

앞서 언급했듯이 구준과 같은 사상가도 있었기에 비록 늦게나마 1990년대 중반에는 빛을 볼 수도 있었다. 그러나 중국이 경험했던 상상을 뛰어넘는 가혹한 시대에 구준과 같은 시대의 회오리 속에서도 중국혁명의 역사를 반성하고 중국의 문제를 더 깊은 차원에서 고찰했던 사상가는 거의 나타나지 않았다. 이런 의미에서 벌린은 중국 사상가를 대신해서 중국 현대사를 고찰한 것이며, 그 자신은 당연히 무의식 가운데 커다란 역할을 수행했다고 할 수 있을 것이다. 벌린의 지적 작업이 완전히 중국의 문맥에 합치하고 있다고는 도저히 말할 수 없지만 그래도 불가사의할 정도로 그의 정치철학이나 사상은 중국의 문제를 생각하는 데 놀라운 설득력을 보여준다. 아마도 이후에도 오랜 기간 벌린은 중국 독자들에게 계속 애독될 것임에 틀림없다.

전환기의 중국과 롤스의 정치철학

미국의 정치철학자인 롤스의 주저『정의론』이 발표된 것은 1971년, 당시의 중국은 문화대혁명이 한창일 때였다. 세계의 학문 동향에 관심을 둘 여유가 도저히 없었던 중국으로서는 롤스의 이 역작을 읽는다는 것 역시 당연히 불가능했다.

그리고 시간이 지나서 1988년『정의론』의 중국어 번역이 나왔는데, 이때는 특히 눈에 띌 만큼 광고도 이루어지지 않았다. 1980년대 중반 하이데거의『존재와 시간』중국어판이 나왔을 때는 대중적 관심이 높아 기자회견이 열리기도 했지만 롤스는 아니었다. 당시는 근대화가 중국 언론계의 중심 주제였기 때문에『정의론』과 같은 이론적인 책은 번역되어도 별 반응을 기대하기 어려웠던 것이다. 근대사회 건설이 아직 한창 진행 중인 사회로서는 상당히 앞선 과제처럼 생각되어도 어쩔 수 없는 것일지도 모른다.

1990년대 이후는『정의론』에 대한 또 다른 중국어 번역이 나왔고『정치적 자유주의』등 롤스의 대표작이 거의 전부 번역·출판되었을 뿐만 아니라, 롤스에 관한 연구서나 논문도 잇따라 나왔다. 주요 연구서의 주제를 보면 후기 롤스의 정치철학이나 공동체주의Communitarianism 비판에 대한 고찰 등 상당히 세세한 연구까지도 이루어지고 있다. 롤스는 미국 등의 민주주의 국가를 염두에 두면서 자신의 이론을 구축했음에 틀림없지만, 사회 발전의 상황이나 정치 제도가 다른 중국에서도 그의 정치철학에 대한 관심이 상당히 높았다. 이러한 관심의 배후에는 역시 격렬히 변화하는 '중국 사회 속에서의 정의' 등의 문제가 있었던 것이다.

중국 철학계는 1990년대 후반부터 윤리학에 대한 관심이 높아졌다. 간단히 말하자면 이는 중국 사회가 경제의 고도성장기에 들어서면서 배금주의가 만연한 가운데, 공공적 윤리나 도덕의 결여가 눈에 띄게 증가했던 것이 원인이라고 생각된다. 앞서 이루어진 경제 개혁이 커다란 성과를 거두었지만, 좀더 합리적인 사회의 건설이라는 과제가 자동적으로 해결된 것은 아니었다. 이러한 시대 배경과 중첩되어 롤스의 사상이 영향력을 갖게 되었다. 덧붙이자면『정의론』을 중국어로 번역한 윤리학자인 베이징대 허화이홍何懷宏 교수는 중국 사회에 있어서 최소한의 윤리 원칙이 무엇인지를 탐구하고 있다. 짝퉁 상품이나 소비자의 권리나 건강을 무시하는 제품이 범람하고 있는 현실 등을 생각하면 이러한 사고 역시 사회의 수요에 대응하는 지적인 노력이라고 할 수 있다.

물론 롤스의『정의론』이든『정치적 자유주의』든 연구 배경은 기본적으로 미국사회이고 그 원리는 서양 민주주의사회의 원리임에 틀림없다. 그러나 인류사회를 구성하는 데 빠뜨릴 수 없는 정의의 원리를 연구했기 때문에 일종의 보편성이 있다는 점은 부정할 수 없을 것이다. 예를 들면 롤스가 『정의론』에서 '원초 상태original position'라든가 '무지의 베일veil of ignorance' 등의 상태를 가상해서 사고실험을 전개했던 것을 보면 알 수 있듯이, 그는 현대의 민주적 사회의 모습을 탐구한 것이지 결코 미국이란 나라만을 위해 그런 탐구를 한 것은 아니었다. 말할 필요도 없이 현재의 중국은 미국과 체제가 완전히 다르고 발전 단계도 다르지만, 그렇다고 정의 문제를 생각하지 않아도 되는 사회는 결코 아니다. 오히려 경제 개혁만이 선행된 결과, 부패 등의 문제가 다수 발생하고 있고, 격차는 더욱 확대되어 자유의 문제뿐만 아니라 원래 사회주의가 자랑하는 평등도 사회의 큰 과제가 되고 있다. 이러한 흐름 가운데 하이에크의 고전적인 자유주의보다도 자유와 평등을 동시에 중시하는 롤스의 자유주의 쪽이 중국으로서는 좀더 필요하다고 하는 학자들이 나타났던 것이다.

『정의론』을 번역했던 허화이홍은 『독서』에 기고했던 「합의를 구하며: 『정의론』에서 『정치적 자유주의』로」에서, 롤스가 『정치적 자유주의』에서 주창했던 '중복된 합의' 등의 새로운 사상은 중국의 맥락에서도 의의가 있다고 평가하고 있다. 그의 분석으로는 중국이 미국과 같은 다원적인 사회가 되어가는지의 여부는 단언할 수 없지만, 이미 생활 방식이나 가치관이 다양화되고 있는 것은 분명한 사실이라고 한다. 이러한 사회의 변화 속에서 다원적인 것의 공존이라는 과제가 자연스럽게 생겨난 것이다. 이 과제를 해결하기 위하여 롤스의 정의 이론을 그대로 가져오는 것은 비현실적이지만, 그렇다고 중국의 전통적인 윤리를 그대로 사용하는 것도 안 될 말이다. 다원화되고 있는 중국 사회의 미래를 위하여 롤스가 말하는 의미의 최저한의 합의가 필요할 것이다. 그렇지 않으면 혼란 내지 파괴를 피할 수 없을지도 모른다고 그는 경고하고 있다.[143]

롤스가 중국처럼 전환기에 있는 나라를 위하여 정의의 문제를 고찰한 것은 아니지만, 그는 현대의 자유주의, 민주주의 국가의 존재 형태에 관한 근본적인 문제를 사유했다. 중국도 자유나 민주주의를 거부하지 않는 한, 롤스는 무시할 수 없는 철학자일 것이다. 롤스가 타계한 뒤 홍콩의 한 연구자는 롤스를 추도하는 에세이에서 다음과 같이 쓰고 있다.

공평한 사회라는 것은 시장지상의 약육강식, 빈부 격차가 큰 사회인가 아니면 약한 입장에 있는 사람들에게 강한 관심을 가져야 하는 사회인가. 공정公正이 사회제도의 좋고 나쁨을 판단하는 가장 중요한 덕성이라고 한다면, 홍콩이 이 기준까지 가려면 앞으로 어느 정도의 도정이 놓여 있을까. 이런 질문에서 알 수 있듯이 『정의론』은 우리 사회의 여러 논의와 밀접한 관계가 있다. 당연히 우리는 롤스의 원칙에 동의하지 않아도 상관없다. 그러나 만약 우리가 정말 공정이라는 문제를 중시하고자 한다면 그가 남긴 귀중한 지적 유산에 감사하지 않으면 안 될 것이다.[144]

필자가 보기에는 인용문 가운데 '홍콩'이란 두 글자를 '중국'으로 바꾸어도 전혀 문제가 없다. 근대적인 제도가 정착되고 있는 홍콩조차 롤스의 이상에서 아직 꽤 멀다면, 근대적 제도를 만들어가는 과정에 있는 중국 본토에 있어서도 롤스가 남긴 지적 유산은 커다란 의미를 지닐 것이다. 실제 오늘날 중국 학계에서 롤스의 철학을 연구하는 젊은 학자가 배출되고 있고, 그의 사상을 둘러싼 논의도 매우 활발해지고 있다. 롤스의 사상이 지닌 시공을 넘어선 힘의 증거라고 할 수 있다.

거울로서의 현대 일본 사상

: 마루야마 마사오의 수용

후쿠자와 유키치를 경유한 수용

1990년대에 들어 중국 사상계는 지금까지 살펴본 것처럼 서양의 최신 사조를 왕성하게 수용해왔다. 그리고 나아가 일본을 중심으로 한 서양 이외의 여러 나라에 대해서도 좀더 많은 관심을 보이게 되었다. 중국 사상계의 리트머스 시험지라고 할 수 있는 『독서』를 읽는다면, 이 경향을 좀더 뚜렷이 알 수 있다. 특히 일본에 관한 언급을 다수 발견할 수 있고, 일본 사상가에 대한 소개도 늘어나고 있다. 그 가운데 한 시기 눈에 띄는 것은 마루야마 마사오 丸山眞男에 관한 것이다. 이는 일본 연구라는 좁은 전문 분야뿐만 아니라, 문학이나 문화 연구자들 사이에서도 관심을 불러일으켰 기 때문에 주목해야 할 현상이다. 실로 불가사의한 것은 마루야 마 마사오 저작의 중국어 번역판에 대한 서평을 쓴 쪽은 일본학 연구자보다도 중국문학사 등 다른 분야의 연구자가 더 많았다는 점이다. 바로 최근까지 중국에서 일본에 대한 연구는 기본적으로 언어나 문학 등 중일 관계를 중심으로 이루어지고 있었고, 그 누 락된 사상의 영역은 다른 분야의 연구자에 의해 보충되는 기묘한 구도였다.

동서고금의 사상가 가운데 후쿠자와 유키치福澤諭吉는 마루야 마 마사오가 가장 존경하고 가장 많이 논했던 사람이며, 그런 심 취는 동시대 사상가 가운데 매우 두드러진다. 실제로 후쿠자와에 대한 마루야마의 연구를 '마루야마 후쿠자와론'이라고 야유하는 학자도 있을 정도인데, 흥미로운 것은 마루야마야말로 후쿠자와 유키치를 통해서 중국 사상계에 '상륙'했다는 점이다. 마루야마 의 가르침을 받은 적이 있는 재일在日 중국인 연구자 취젠잉區建英 은 1992년에 마루야마의 대표적인 후쿠자와 유키치 관련 논문을 모은 『후쿠자와와 일본의 근대화』[145]를 중국어로 번역하여 출판했다. 이것이 중국에서 출간된 최초의 마루야마 마사오 논문집이다. 나아가 5년 뒤에 『일본 근대사상가 후쿠자와 유키치』로 제목을 바꾼 개정판이 나왔다는 점을 생각하면, 중국에서 상당한 관심 속에 읽혔음을 알 수 있다. 마루야마가 일부러 이 논문집을 위하여 서문을 썼다는 점에서, 젊은 시절부터 항상 그의 시야에 있던 중국이라는 타자를 중시했음을 읽어낼 수 있다.

『일본 정치사상사 연구』의 시대부터 일본의 사상을 고찰할 때, 그가 근대 유럽을 가장 중요한 사고의 좌표축으로 삼았다는 점은 틀림없지만, 중국에 관심을 갖고 있었다는 사실은 그의 시사적인 문장이나 좌담회 등을 읽으면 바로 알 수 있다. 마루야마의 친구 중에는 중문학자인 다케우치 요시미竹內好나 다케다 다이준武田泰淳도 있기 때문에, 그들과의 교류를 통해 중국에 대한 인식을 심화시켰으리라고 추측할 수 있다. 만년의 마루야마도 중국에 대해 지속적인 관심을 보이면서 1980년대에 생애 처음이자 마지막으로 중국을 방문했을 뿐만 아니라, 중국인 유학생회와의 회합도 자주 가졌다고 한다. 마루야마의 서간집을 펼치면 후쿠자와 유키치가 주장한 천부인권이 중국에서 실현되는 것을 꿈꾸었다고 적혀 있는데, 이는 중국에 대한 관심이 매우 깊었음을 말해준다.

중국 학계로서는 오랜 기간 후쿠자와 유키치 관련 논문집이 유일하게 중국어로 읽을 수 있는 마루야마의 저작이었지만, 사상가로서 그의 역량을 높이 평가한 사람들은 훨씬 이전부터 있었다. 예를 들면 철학자 리쩌허우李澤厚도 그런 사람의 한 명이었다. 문혁이 끝난 직후인 1980년대 중국에서 리쩌허우의 영향력은 매우 커서 '학계의 리더'라고 불린 적도 있을 정도이니, 어떤 의미에서 제2차 세계대전 종전 직후 마루야마가 했던 역할에 필적할 수 있을 것이다. 나라가 붕괴 직전까지 내몰렸던 미증유의 시대에 깊은 학식을 갖추고 무소의 뿔처럼 그 시대가 안고 있던 문제와 정면 대결했다는 점에서는 두 사람이 완전히 같다고 할 수 있다. 학술 교류 차원에서 일본을 방문한 적이 있는 리쩌허우는 마루야마의 관점을 저작에 인용하는 등 마루야마의 지적 작업에 대해 경의를 표한다.

21세기 들어 마루야마가 젊은 시절에 썼던 『일본 정치사상사 연구』[146]가 드디어 중국어로 번역되었고, 2009년에는 또 하나의 고전적인 작품인 『일본의 사상』[147]이 발췌 번역되기도 했다. 두 책 모두 1980년대부터 일관되게 선진국의 사상이나 문화를 열심히 소개하고 있는 싼롄서점에서 나왔고, 마루야마의 친구인 레비스트로스, 푸코, 하버마스 등의 작품과 함께 '학술 프론티어'라는 총서 가운데 한 권으로 출판되었다. 필자를 포함한 중국의 연구자는 마루야마에 관한 논문을 발표하거나 중국에 대해서 중요한 의미를 갖는 사상가의 사상을 중국 학계에 소개하고 있다.

마루야마는 중국어판 『후쿠자와 일본의 근대화』의 서문에서 중국과는 역사와 전통을 달리하는 일본 지식인의 사상적 발자취에 대해, 특히 한 세기 이전에 활동했던 후쿠자와 유키치로부터 배운다는 것이 학자의 서재적인 취미를 뛰어넘는 의미와 가치가 있는지 자문한다. 필자는 중국의 연구자나 독자의 시각을 염두에 두고 같은 문제를 마루야마 마사오에 관해서도 한번 살펴보고자 한다.

사상가로서의 마루야마는 관심의 폭이 매우 넓었다. 내셔널리즘, 자유주의나 민주주의, 근대성의 문제 등 20세기가 안고 있던 문제는 대부분 그의 시야에 포함되어 있었기에, 결코 그가 전문분야인 일본 정치사상사만을 사색한 것은 아니었다. 그 가운데 가장 중요한 과제의 하나가 근대성일 것이다. 이는 그가 '근대주의자'라고 불린 까닭이기도 하다. 종전 직후 썼던 「근대적 사유」라는 짧은 글에서 그는 "일본에서 근대적 사유의 성숙과정을 규명하는 일에 더 전념하여 몰두하고자 한다"고 말하고 있다. 이는 근대성의 문제에 번민하던 중국 사상계로선 매우 친근감을 느낄 만한 지적 관심이었다. 역사나 정치제도 등 여러 가지 다른 점이 있다고는 하나, 19세기 중반 이래 일본도 중국도 '근대화'라는 공통의 과제를 짊어지게 되었다. 하이에크나 벌린이 중국의 사상가를 대신해서 자유주의 등의 문제를 사고했다고 말할 수 있다면, 마루야마는 바로 동시대 중국 사상가가 자유로이 사고할 수 없었던 시대에 근대성 등의 문제에 대해 사고하고, 귀중한 장치를 준비했다고 해도 과언이 아닐 것이다. 근대화라는 공통의 과제를 안고 있는 이상, 마루야마의 탐구는 중국 지식인으로서도 도저히 강 건너 불구경만 할 사안은 아니었다. 또한 유교 등 문화적 공통점을 지니고 있기 때문에, 배워야 할 모범으로 제시되었던 유럽 선진국과는 다른 힌트나 경험을 일본으로부터 배울 수 있다고 생각하는 사람도 적지 않았다. 비슷한 근대성을 경험한 일본의 사상가는 어떻게 생각하고 있었는가. 이는 중국의 많은 마루야마 독자가 지녔던 공통 관심사였던 듯하다.

가장 일찍 중국의 독자들에게 읽힌 마루야마의 『후쿠자와와 일본의 근대화』는 제목 자체에서 이미 번역자가 마루야마의 작품을 통해 중국 독자에게 전달하고자 했던 메시지를 명확히 보여준다. 중국이 25년 전부터 국가 정책으로 추진해온 것이 바로 근대화이기 때문에, 시의적절한 번역이라고 할 수 있다. 1950년대에 『학문의 권함』과 『문명론의 개략』이 번역되었지만 후쿠자와에 대한 본격적인 연구는 거의 전무하다시피 했다. 후쿠자와에 대한 마루야마의 일련의 연구를 중심으로 하는 일본 내 연구의 진전은 당연히 전혀 알려지지 않았던 것이다. 후쿠자와는 일본 근대의 계몽사상가로 유명하지만, 아울러 '탈아론'의 주창자로 더 잘 알려져 있다. 이를 염두에 두었던 것일까. 마루야마는 서문에서 많은 페이지를 할애하여 후쿠자와 유키치로부터 배운다는 의미와 후쿠자와 유키치가 내세운 탈아론의 진의 등에 대해서도 설명하고 있다. 후쿠자와는 결코 중국인들에 대해서 적의를 갖고 있지 않았으며, 그가 비판했던 것은 도쿠가와 막부를 포함한 동아시아의 구체제였다고 역설한다. 후쿠자와 유키치에 대한 자신의 논문이 중국어로 번역된다는 것의 의미를 매우 중시한 마루야마는 중국의 독자가 후쿠자와에게 선입견을 갖지 않고 스스로의 눈으로 후쿠자와의 논저에 입각해서 자유와 독립을 위한 후쿠자와의 사상적 고투를 확인할 수 있기를 희망한다고 적었다. 또한 후쿠자와를 배울 때 그의 개별적이고 구체적인 결론이 아니라, 이들 결론의 배후에 있는 철학과 그 사고 방법을 주시해야 한다고 강조했다.

이 일본어판보다도 일찍 나왔던 후쿠자 관련 저서에 편입된 논문들의 취사선택을 보면, 마루야마의 대표적인 후쿠자와론이 들어가 있을 뿐만 아니라, 오카쿠라 덴신岡倉天心, 우치무라 간조內村鑑三와 관련된 것도 있고, 후쿠자와를 주제로 한 좌담회의 기록도 실려 있다. 번역자가 이 후쿠자와 유키치 관련 논문집을 중국에 소개한 최대의 공적은 중국 독자에게 좀더 객관적인 후쿠자와 유키치의 이미지를 전달했다는 점일 것이다. 이에 따라서 그때까지 후쿠자와에 대해 중국 독자들이 지니고 있던 왜곡된 이미지를 수정하고 근대 일본에 대한 후쿠자와 유키치의 절대적인 공헌을 더 정확히 평가할 수 있을 뿐만 아니라, 근대 이후 일본과 중국이 걸었던 길을 포함해 어느 정도의 공통성도 인식할 수 있게 된 것이다. 후쿠자와 유키치가 중국인에게 입에 쓴 비판을 남기기도 했지만, 독자나 연구자들에게 중국의 문제를 생각할 수 있는 좌표축을 제공하기도 했다. 또한 이러한 의미에서 마루야마는 일본인에게 후쿠자와 유키치를 좀더 깊이 인식시켰을 뿐만 아니라, 중국 독자들을 위해서도 캉유웨이康有爲나 옌푸嚴復와 거의 동시대를 살았던 계몽사상가를 무시할 수 없는 존재로 조명해주었다고 할 수 있다.

사상에서의 전통과 근대

『일본 정치사상사 연구』가 중국어로 읽히면서 마루야마의 위상은 후쿠자와 소개자에서 대사상가로 격상되었다.『일본 정치사상사 연구』는 참신한 방법으로 도쿠가와 시대의 유학과 국학의 변화에서 일본의 독자적인 근대성의 맹아를 발견하여, 근대성이 완전히 서양이라는 외부로부터 온 것이 아니라 일본사에도 내재해 있었음을 증명하는 저작이라고 할 수 있다. 그 결론에 대해서는 오늘날까지 많은 연구자가 여러 각도에서 비판하는데, 마루야마 자신도 젊은 날에 집필한 이 저작에 대해 만족하고 있었던 것만은 아니다. 중국의 역사학자도 그의 연구와 비슷한 것, 즉 중국의 근대화가 완전히 외압에 의한 것은 아니라는 점을 여러 형태로 주장하고 있다.

구체적으로 보면,『일본 정치사상사 연구』에서 마루야마는 오규 소라이荻生徂徠를 영수로 하는 소라이 학파 등의 사상에서 일본의 자발적인 근대적 사유를 석출析出하고자 했다. 가령 그 논의가 성립한다면, 오규 소라이의 사상을 형성하는 주요 원천이던 순자荀子나 한비자韓非子 등의 사상은 2000년도 전에 중국에서 나타났는데, 왜 '근대성'은 중국에서 탄생하지 않았는가라는 반론도 생각할 수 있을 것이다. 실제 중국 연구자들 가운데는 이러한 반론을 시도하는 사람도 있다. 그러나 필자는 사상사에서 마루야마가 제시한 이 주장의 중요한 의미를 생각할 때, 마루야마 스스로 언급하기도 했던 초학문적인 동기에 주목해야 한다고 본다. 당시의 일본주의자나 국수주의자에 대해 반론하기 위하여 일본 사상을 연구해야만 한다는 스승 난바라 시게루南原繁의 가르침에 따라 마루야마는 본래 연구하고 싶었던 서구 정치사상의 연구에서 방향을 전환하여 일본 및 동양의 정치사상 연구에 몰두했다. 이러한 그의 원점을 생각하면 우리가 50년 전에 나온 그의 청춘기 역작을 순학문적인 관점에서 엄정하게 추궁할 필요는 그다지 없을 것이고, 그것이 생산적이라고 말할 수도 없다. 오히려 시대와 대치하면서 그가 무엇인가를 말하고자 했다고 생각하는 편이 훨씬 더 의미 있을 것이다. 『일본 정치사상사 연구』는 이러한 의미에서 중국 독자에게 자극을 주었음에 틀림없다. 번역자도 말하듯 이 책의 출판으로 마루야마 마사오의 사상이 "커다란 한 걸음을 내딛었"고, 그렇게 중국의 사상세계에 들어왔다고 할 수 있다.

출판 당시의 서평 등에 한해 살펴보면, 일본의 유학이나 국학國學의 인용, 서양 사상과의 비교가 많은 『일본 정치사상사 연구』보다도 『일본의 사상』 쪽이 중국에서는 더 많이 읽힌 듯하다. 후자는 원래 좀더 대중적인 목적으로 집필된 것이기 때문에 납득할 수 있는 지점이다. 『일본의 사상』은 일본에서 외래 사상의 존재 형태, 현대 일본에서 마르크시즘의 역할 등 일본에 관심을 두는 중국 독자에게는 흥미진진한 내용뿐이었다. 또한 중국의 일반 독자는 일본 사상사에 대해서 지식이 제로에 가까운 상태이기 때문에, 마루야마의 책은 좋은 계몽서의 역할도 한다. 중국어 번역본의 겉표지에는 "『일본의 사상』은 마루야마 마사오의 고전적인 저작으로 일본 근대사상사의 여러 커다란 문제, 예를 들면 천황제나 사상의 잡거성雜居性, 전통과 근대화 및 혁명 등을 깊이 분석하여 일본 사상사 전체라는 폭넓은 시야 속에서 논의함으로써, 일본 사상의 구조적 특징을 밝힌 책으로 중국 독자가 일본의 사고방식과 가치관을 이해하는 데 중요한 참고가 된다"라고 적혀 있다.

하이데거의 제자인 카를 뢰비트는 나치에 의해 독일에서 쫓겨나 일본으로 망명한 적이 있고, 나중에 이 체험에 입각해 날카로운 지적을 했다. 그것은 서양 사상을 흡수하는 데 있어 일본의 문제점, 즉 전통적인 사상과 외래 사상의 잡거성에 대한 비판인데, 마루야마 역시 그 지적에 찬성하고 있는 듯하다. 그리고 마루야마는 중국 사상이든 서양 사상이든 외래 사상에 수정을 가하는 통주저음[주어진 숫자가 딸린 저음 위에 즉흥적으로 화음을 보충하면

서 반주 성부를 완성하는 기법]과 같은 패턴이 일본에 있다는 '고층
古層설'**148**을 내세웠다.

중국에서도 청조 말기 이후 여러 서양 사상이 소개되었는데,
이것이 얼마나 중국 사상의 피와 살이 되었는가는 간단히 말하기
어렵다. 이는 오늘날에도 완전히 해결되지 않은 문제다. 이 점에
서 말하자면 최근 들어 100년 전의 것으로 혼동할 만한 논의가
다시 일어나기도 했다. 이를테면 유교를 국교로 삼아야 하는가
혹은 100년간 줄곧 중국인은 서양인의 노예가 된다고 세뇌되어
서, 중국의 전통문화를 비판한 후스胡適나 루쉰魯迅이 전부 틀렸다
고 말하는 것 등이다. 즉 1세기 넘게 외래 사상을 흡수해왔음에
도 불구하고 어떻게 받아들여야 할 것인가라는 문제를 둘러싸고
여전히 확실한 결론이 나지 않았다는 의미다.

서양 사상은 불교처럼 일단 중국화되지 않으면 중국 문화에
녹아들 수 없다고 주장하는 사람이 있는 반면, 서구 문명은 불교
와는 성격이 매우 다르기 때문에 불교를 이식한 것처럼 할 수 없
고, 오히려 전면적으로 흡수해야 한다고 주장하는 사람도 있다.
마루야마도 공감했던 뢰비트의 관점을 빌려서 말하자면 중국의
전통적인 사상과 외래 사상은 아직 별개의 '계단'에 살고 있는지
도 모른다.

필자는 대학 시절 『일본의 사상』 제4장 「'이다'라는 것과 '하다'라는 것」을 읽고 깊은 감명을 받은 적이 있다. 마루야마가 지적한 문제는 일본에 한정된 게 결코 아니며, 기본적으로 중국에도 그대로 적용하면 직관적으로 곧장 알 수 있는 것들이었다. 전근대와 근대를 구별한 마루야마의 그 간결한 지적은 아직 완전히 근대사회로 진입하지 못한 중국 사회에 있어서도 날카로운 지적이다. 유감스럽게도 이 뛰어난 논문을 포함한 『일본의 사상』의 다른 세 장은 아직 중국어로 번역되지 못했다. 이것이 전부 중국어로 번역된다면 중국의 독자들은 마루야마 사상사학思想史學이 그들 자신에게 지닌 의미를 좀더 전면적으로 이해할 수 있을 것이다.

지금까지 주로 중국에서 마루야마 마사오의 수용에 대해 살펴봤는데, 이 10여 년간 중국에 소개된 일본의 사상가는 이들뿐만이 아니다. 마루야마의 벗인 다케우치 요시미나 가토 슈이치加藤周一 등도 소개되어 있고, 가라타니 고진柄谷行人 등 마루야마보다 젊은 세대인 일본 학자의 저작도 다수 번역되어 있다. 나아가 재일 중국인 연구자를 중심으로 '일본학술문고'를 몇 년 전부터 간행하고 있다는 점도 덧붙이고 싶다. 이미 와쓰지 데쓰로和辻哲郎의 『풍토』 같은 명저가 번역되어 있다. 일본의 문예나 사상 연구가 점점 더 본격적인 단계로 진입 중이라는 증좌라고 할 수 있다. 이 점이야말로 일본에 대한 참된 이해로 가는 중요한 한 걸음이 될 것이다.

주목받는 자유주의에 대한 비판자들
: 카를 슈미트와 레오 스트라우스

21세기는 슈미트의 시대인가?

21세기 첫 10년 동안 정치철학을 둘러싼 중국 사상계의 동향은 현기증이 날 정도의 변화를 보였다. 1990년대 이후는 하이에크나 벌린, 롤스가 대대적으로 소개되었고, 넓은 의미에서의 자유주의가 사상계에서 우위를 점했다고 볼 수 있다. 그러나 21세기들어 자유주의를 적으로 두고 비판해왔던 카를 슈미트나 네오콘의 대부라고 불리는 (이러한 표현 방식이 옳은가의 여부는 차치하고

라도) 레오 스트라우스가 대대적으로 소개되었다. 이러한 움직임은 서양 학계에서 '어째서인가'라는 의문이 생길 정도로 주목을 받았다.

일본의 법철학자인 나가오 류이치長尾龍一는 오랫동안 카를 슈미트의 저작을 번역하고 연구해왔으며 『카를 슈미트 저작집』을 편집하고 있다.[149] 이 저작집에 수록된 나가오의 「카를 슈미트 전기」에 따르면 세계적인 규모의 슈미트 붐이 일어났는데, 스페인이나 러시아 등이 그 좋은 사례이지만, 현재 중국 사상계를 보면 여기에 중국도 포함시켜야 할 것 같다.

중국에서도 전6권의 『슈미트 문집』이 기획되고 있고, 그 가운데 현재 4권(슈미트의 저서는 짧은 것이 많기 때문에, 번역서 1권에 5~6편의 글이 들어가 있는 경우도 있다)이 간행되어 있다. 또한 슈미트에 대한 연구사나 외국의 학자에 의한 연구논문집도 몇 권이 출판되었다. 학술지에서도 특집호를 내고 있고, 논문도 많이 나와 있다.

슈미트는 일본 학계에 이미 잘 알려진 존재인데, 그에 관한 연구는 '한우충동汗牛充棟'이라고 해도 과언이 아닐 정도다. 대조적인 입장인 마루야마 마사오마저 슈미트에 대해서 쓴 것이 있을 정도로 그는 일본 사상가에게 적지 않은 영향을 주었다. 그러나 중국 학계에는 최근까지도 거의 알려지지 않은 존재였다. 이는 그에게 붙어 있는 나치스의 '계관법학자'라는 꼬리표 때문이 아닐까 생각한다. 이 상황을 타파하여 슈미트를 소개하고 연구하는데 선두에 섰던 사람은 문화 붐의 무렵에 두각을 나타냈고, 오늘날 중국 사상계를 이끌고 있는 중견 학자 류샤오평劉小楓이다. 그는 하이데거나 막스 실러 등의 현대 독일 철학에 밝을 뿐만 아니라, 니체나 부르크하르트가 교편을 잡았던 스위스 바젤대 신학부에서 막스 실러에 관한 박사학위 논문을 쓰기도 했다. 서양 고전을 포함한 서양 사상 전반에 조예가 깊은 학자다. 동서양에 걸쳐 수비 범위가 대단히 넓다는 의미에서 오늘날 중국에서도 매우 드문 유형의 학자라고 할 수 있다.

류샤오평은 1990년대 중반 독일에 있는 저명한 중국 문학 연구자와 정치철학에 관한 이야기를 나눌 때, 슈미트의 저작을 추천받고 읽자마자 매료되었다고 한다. 그 후 수년 동안 그는 슈미트 붐의 도화선 역할을 했고, 슈미트의 저작 번역이나 연구를 강력히 추진하고 있다. 앞서 나온 『슈미트 문집』을 편집했을 뿐만 아니라, 『슈미트와 정치철학』이나 『슈미트와 정치의 모더니티』라는 연구서도 낸 적이 있다. 그의 가르침을 받은 젊은 학자도 많았는데, 류샤오평이야말로 슈미트 붐의 원동력이 되어왔다.

그렇다면 왜 슈미트를 중국에 소개하고 연구해야 하는가라는 의문이 떠오르게 마련이다. 슈미트와 사상적으로 적대관계에 있는, 리버럴리즘을 옹호하는 이들로부터 이의가 제기된다. 바이마르 공화국과 정치적 문맥이 다른 오늘날의 중국에서 제3제국의 '계관철학자' 슈미트처럼 '위험한' 사상가를 소개하는 일이 꼭 필요하냐는 혹독한 비판도 있다. 슈미트가 주장하듯이 예외 상황에서 최고 권력자가 결단을 내리는 것은 1949년 이후 중국 역사를 보면 항상 그래왔고, 마오쩌둥이야말로 그 전형적인 예일 것이다. 적어도 이 점에 관해 말하자면, 현대 중국의 권력 구조에서는 슈미트가 말하는 대통령은 없지만 결단하는 주체가 결코 결여된 것이 아니라 오히려 바이마르 공화국의 지도자가 부러워할 정도로 강력한 권력을 갖고 있는 것이 사실이다.

필자는 나치스에 협력한 법학자였기 때문에 슈미트를 멀리해야 한다고까지는 생각하지 않는다. 사상적 리버럴리즘을 지지하는 필자 역시 슈미트가 리버럴리즘의 '적'이긴 하지만, 그를 중국 학계에 소개하는 것에는 전혀 저항감을 느끼지 않는다. 벌린은 "대체로 같은 생각을 지닌 같은 진영 사람이 쓴 책을 읽는 것은 따분한 일이다. 적이 쓴 것을 읽는 편이 재미있다. 그들은 우리가 지닌 약점을 찌르고 있기 때문이다"라고 말한 적이 있다.[151] 정말 딱 들어맞는 말이라고 하지 않을 수 없다.

나가오 류이치가 지적했듯이 슈미트에 대한 관심의 주된 이유는 다음과 같다. 첫째, 작품 하나하나가 재미있다. 둘째, 그가 다루는 주제가 정치사적으로도 사상사적으로도 가장 중요한 주제다. 셋째, 항상 틀에 박힌 듯한 상식에 정면으로 도전한다. 넷째, 적대성이나 대량 학살은 오늘날에도 현실성을 가지고 있을 뿐만 아니라, 그가 주창하는 '정치신학'의 현실적 의미도 변함없이 존재한다.[151] 이상은 최근 20년 동안 서양에서 슈미트 붐이 일어났던 원인을 정확히 파악하고 있다고 할 수 있다.

슈미트에게 경도되어 있는 모습을 전혀 숨기지 않는 류샤오펑이 일본을 방문했을 때, 그는 나가오 류이치와 슈미트에 관해 논의를 벌인 적이 있다. 한스 켈젠의 학도를 자임하는 나가오는 슈미트가 지닌 뛰어난 지성을 높이 평가했지만, 슈미트에 경도된 류샤오펑의 모습에 대해서는 분명한 선을 그었다. 슈미트를 향한 중일을 대표하는 학자들의 서로 다른 태도, 이는 통역으로 그 자리에 있었던 필자로서도 매우 인상 깊은 것이었다. 방일 중에 일본에서의 슈미트 수용이 오랜 역사를 가지고 있다는 점을 알았던 류샤오펑은 슈미트의 저작집을 편집했을 때, 필자를 통하여 일본어 번역을 일부 참고한 적도 있었다. 슈미트 관련 연구서에서는 일본의 슈미트 수용도 언급하고 있다. 이에 대해서는 류샤오펑이 편집한『슈미트와 정치철학』(싼롄서점, 2002) 서문을 참조하길 바란다.

슈미트에게서 무엇을 찾는 것일까

중국과의 관련이라는 측면에서 보면, 확실히 슈미트는 1960년대 베트남 전쟁이 한창일 때, 게릴라전을 논한『파르티잔 이론』[152]이란 책에서 마오쩌둥의 게릴라전을 높이 평가한 적이 있다. 그러나 그것만으로 슈미트의 이론이 중국에서 수용되는 맥락이 어떻다고 말한다면 누구든지 납득하기 어려울 것이다. 그래서 필자는 오늘날 중국에서 슈미트의 수용을 좀더 잘 이해하기 위하여 슈미트와 류샤오펑이 썼던 글들, 그리고 그에 반대하는 사람들의 논문도 읽어보았다. 여기에서 각자의 생각을 정리해보고자 한다.

슈미트라고 하면, 바로 떠오르는 것이 그 유명한 '적과 아군의 구분'이다.『정치적인 것의 개념』[153]에서 슈미트는 정치라는 개념의 특징을 설명하고, 이는 다름 아닌 '적'과 '아군'의 구분이라고 주장했다. 이는 날카로운 시각이지만, 뜻밖에도 슈미트가 이 저서를 썼던 거의 동시기에, 정확히 말하자면 슈미트보다도 조금 먼저 마오쩌둥은 「중국 사회 각 계급의 분석」(1925년 12월)이라는 글에서 "누가 우리의 적인가, 누가 우리의 아군인가, 이는 혁명에서 가장 중요한 문제"라고 언급한 바 있다. 한 사람은 정치사상의 대가, 또 한 사람은 정치의 대가. 정치적 자세가 상당히 대조적인 두 사람이었지만, 정치적으로 매우 예민했다는 점에서 비슷하다고 할 수 있을 것이다. 류샤오펑을 비롯한 중국의 연구자도 이 점에 대해 언급하고 있다.

그러나 이 정도의 유사성만 가지고 적극적으로 슈미트를 소개하고 연구했다고 납득하기는 아무래도 어렵다. 그들은 중국의 모더니티 문제와 커다란 관련이 있다고 주장하고 있기 때문에, 그 관점에서 볼 수밖에 없을 것이다. 하지만 도대체 어떤 모더니티를 둘러싼 정치철학일까?

슈미트는 19세기에 나타난 자유주의에 대해 혹독하게 비판한다. 그에 따르면 이들 자유주의자는 정치의 중립화, 탈정치화라는 커다란 문제를 초래했다. 떠들기만 할 뿐 결단을 내리지 못하는 자유주의를 슈미트는 『정치적인 것의 개념』이나 『현대 의회주의의 정신사적 상황』 등에서 날카롭게 비판하고 있다.

자유주의를 비판한다는 면에서 슈미트는 같은 가톨릭교도인 19세기 스페인의 사상가 후안 도노소 코르테스와 같다. 코르테스로부터 강한 영향을 받은 슈미트가 주창한 것은 본질적으로 일종의 정치신학이다. 나가오 류이치가 지적하듯이 슈미트는 신앙을 지닌 정치사상가로 그리스도교의 카테콘katechōn(그리스어로 '억제자'의 의미)이라는 관념을 신봉했다. 처음에는 히틀러를 카테콘으로 보고 그에게 기대를 걸었지만, 결국 나치스로부터 버림을 당하는 등 커다란 실패를 경험했다. 그럼에도 불구하고 슈미트는 '구속론적 거점'을 갖고 그 신앙을 계속 지닌 채 절망하지 않았다고 한다.[154] 나가오는 또한 젊은 슈미트 팬들을 향해 "『정치신학』(Ⅱ)을 이해·극복하지 않고는 슈미트를 말하지 말라!"[155]고 한다. 슈미트 정치사상의 본질이 역시 그 정치신학에 있다는 점을 인식하지 못한다면, 그 진수를 이해하기란 상당히 어려울 것이다. 실제로 슈미트를 중국 사상계에 정력적으로 소개하고 있는 류샤오핑도 기독교인으로 '문화 기독교도'라고 불리는 지식인 기독교인의 대표 격이다. 그러나 그의 기독교 신앙과 슈미트를 중국에 소개하는 동기는 어떻게 연결되어 있는가? 이는 필자가 보는 한 다음과 같은 내재적 관련성을 지닌다.

류샤오핑은 최근 여러 차례 다음과 같이 말했다. 즉 아직 계몽의 시대를 살고 있는 중국인은 약 100년간 계몽 시대의 이념을 도입해왔지만, 여기에 담긴 '독소'를 깨닫지 못하고 있다. 이는 계몽운동 일변도였던 1980년대의 중국 사상계를 상기하면 매우 놀랄 만한 경고인 셈이다. 당시 사상계의 풍운아 가운데 한 사람이었던 그가 특히 자기 반성도 거치지 않고 이러한 경고를 하고 있다는 점에서 위화감이 느껴지지만, 생각해봐야 할 점은 그뿐만이 아니다. 류샤오펑의 이런 태도는 17세기 이후 세속화를 지향하던 유럽 정치에 대한 슈미트의 비판과 우연하게도 일치하는 부분이 있다.

여기에서 나가오 역시 지적하고 있는데 '상처 입은 사자'처럼 제2차 세계대전 이후 슈미트의 작품들은 "우리에게 완전히 미지의, 서양 정신사의 맥락을 슬쩍 훔쳐볼 수 있는 단서일 뿐만 아니라, 근원적인 문명 비판을 포함하고 있어 그의 사상적 생애 전체상을 총괄하기 위해서도 중요"하다고 한다.[156] 이 근원적 문명비판이라는 것은 다름 아닌 17세기 이후, 세속화된 서양 정신사에 대한 비판일 것이다. 류샤오펑은 서양 문명에 대한 깊은 조예로부터 생겨난 슈미트의 통찰이 100년간 서양 사상을 이식하는 데 노고를 아끼지 않았던 중국 사상계의 입장에서는 하나의 '해독제'가 될 것이라는 데 공감하지 않았을까 짐작된다. 류샤오펑을 필두로 해서 슈미트에 대해 친근감을 느끼는 학자는 정치사상의 차원에 머물지 않고 좀더 '깊은 곳'까지 들어가려고 생각하는 것

은 아닐까. 류샤오펑은『슈미트와 정치법학』의 편집자 서문에서
다음과 같이 적고 있다.

만약 스트라우스가 유대교 사상이라는 마법의 눈을 통하여 서양 사상사에서 매우 은밀히 숨어 있던 내부의 충돌, 즉 플라톤적 정치철학과 아리스토텔레스적·로마법적 정치신학과의 충돌을 발견한 것이 잘못된 게 아니라면, 슈미트의 저작은 그 심원한 로마가톨릭적 정치사상의 뿌리에 의거해 서양 정치사상에 매우 은밀히 숨어 있던 문제를 폭로했다고 할 수 있다. 슈미트의 정치법학에서 예리한 비판은 처음부터 근대적 정치 딜레마와 결코 끊을 수 없는 관계에 있지만, 그 정치법학의 문제 표현은 모두 자신이 속한 사상 전통의 재해석에 기초한 것이었다. 만약 중국어권의 학계가 슈미트의 정치법학 연구를 단서로 해서 서양 정치사상사에 내재한 문제의 오의奧義를 밝혀내지 않고, 거꾸로 그의 정치적 생애에 과도하게 집착하여 성급하게 그 정치적 논술에 대해 보수적이라든가 신좌파라든가 혹은 자유주의적 비판을 가하고자 한다면, 신중하면서도 주도면밀하게 생각할 수 있는 기회를 잃게 될 것이다.[157]

슈미트를 읽을 수 있는 기회를 애석하게 놓친다면 서양 사상에 깊게 숨어 있는 진수를 맛볼 수 없을 것이라고 말하고 싶은 듯한 경고다. 이 고백 조의 문장을 읽으면 류샤오펑은 좀더 깊은 차원에서 슈미트를 파악하고 있다는 느낌이 든다. 바꾸어 말하면 나치스와의 관계 혹은 그가 반자유주의 사상가라는 점은 다른 차원의 문제라는 건데 이는 물론 상당히 관대한 태도라고 할 수 있다. 오히려 슈미트의 문명론적 시야 내지는 서양 근대 사상의 근간에 숨은 문제를 간파하는 혜안을 배워야 한다는 것이다.

슈미트의 혜안에 대한 평가는 분명히 앞서 인용한 나가오 류이치의 지적과 상통하고, 슈미트의 『정치신학』을 비롯한 저작을 일별하면 이와 같은 생각에 고개를 끄덕이게 될 것이다. 슈미트의 정치철학, 법학의 근저에 있는 것은 바로 신학사상이다. 이러한 의미에서 류샤오펑 같은 슈미트 추종자는 중국에 소개되었던 서양 근대 사상에 또 한 가지 근본적인 중요한 차원, 즉 신학의 차원을 부가하려 했다고 말할 수 있다.

류샤오펑은 이때껏 중국 서양학의 선구자들이 헤겔이 말하는 정신Geist을 정확히 이해할 수 없었다고 비판하고 있다. 그에 따르면 헤겔이 말하는 '정신'은 기독교 정신 그 자체다. 이러한 서양 사상의 이해에서도 알 수 있듯이 기독교인인 류샤오펑이 슈미트의 사상을 중시하는 이유는 바로 모더니티를 둘러싼 신학과 정치에 대한 그의 견해 때문이다. 「한어신학漢語神學과 역사철학歷史哲學」이라는 제목의 긴 논문에서 그는 유럽 정신에서 가장 근본적인 충돌은 계급 투쟁을 넘어선 역사 정신의 투쟁이고, 이는 그리스 정신과 유대 정신의 충돌, 또한 그리스 정신에서의 신화와 이성의 충돌이라고 쓰고 있다.[158] 이러한 점도 슈미트에 대한 그의 경도와 연결될 것이다. 바로 '정치신학'의 문제다. 바꾸어 말하면 '계시와 이성'의 문제이기도 한 셈이다.

　여기까지의 고찰을 통해 중국 연구자들이 왜 그렇게 슈미트를 수용하려 했는지에 대한 의문이 거의 밝혀졌으리라고 생각한다. 칸트로 대표되는 계몽사상과 다른 연원을 갖는 유럽 사상을 연구함으로써, 신학을 갖고 있지 않은 우리 동양인도 서양 사상의 오의에 다가설 수 있을 것이다. 적어도 근대 이후 일본이나 중국을 포함한 여러 비非서양 국가가 수용했던 사상 문화의 본질을 좀더 정확하고 깊게 이해하기 위해서 필요할지도 모른다. 이러한 의미에서 필자는 갑자기 뜨거워진 중국의 슈미트 붐에 대해 일정한 평가를 내리는 데 전혀 인색하고 싶지 않다. 계몽사상에는 '독소'가 포함되어 있을지도 모르지만, 동시에 잊어서는 안 되는 것이 슈미트의 정치신학에도 '독소'가 결코 없지는 않다는 점이다. "슈미트의 변호인들은 법과 도덕을 구별하여 그를 법적으로 면죄하고, 거기에 성공하면 법과 도덕을 접합시켜 그에게 도덕적 면죄를 부여하는 일종의 사술을 사용하고 있다는 인상을 지울 수 없다"[159]고 말하는 나가오 류이치의 논단에 필자도 전적으로 동의한다.

특히 중국 현대사를 돌아보면, 앞에서 서술했듯이 '예외 상태'가 발생할 때 결단하는 권력자가 없었던 것은 아니다. 정치에서 적군과 아군의 구별을 항상 너무나 지나치게 강조했던 까닭에 문화대혁명 같은 황당무계한 대사건이 일어났다. 존경받는 많은 이의 목숨을 앗아간 통한의 역사를 생각하면, 중국에서 가장 결여된 것은 다름 아닌 자유주의와 민주주의 전통이었다. 중국에서 결단해야 할 것은 오히려 경제뿐 아니라 민주주의적인 의미에서도 성숙한 근대 국가가 된다는 숙원을 실현하는 것이리라. 최근 중국의 어느 저명한 법학자도 지적했지만, 앞으로 중국 사회의 건전한 발전을 위해 정치의 본질에 정통한 지도자가 바로 그런 결단을 내려야 할 것이다.[160]

헤겔로부터 정체(停滯)된 역사라는 혹평을 받은 중국 역사에서 숱하게 반복되었던 격동의 순환에 종지부를 찍을 때라야 비로소 아편전쟁에서 시작된 역사적 대전환을 성공리에 이루어낼 수 있을 것이다. 이러한 의미에서 결단, 합법성, 정당성 등의 이념을 포함한 슈미트의 사상은 현재가 바로 전환기이기 때문에 참고할 가치가 있다고 해야 할 터이다. 무엇보다 슈미트는 우리가 상식이라고 생각하는 거의 모든 자유주의 및 민주주의 이념에 정면으로 도전했던 탁월한 정치사상가이며, 진지하게 대응해야 할 '적'이기 때문이다.

중국의 스트라우스 학파와 고전적 정치철학으로의 회귀

반反유대 입장을 숨기지 않았던 슈미트이지만, 어떠한 이유에서인지 벤야민, 레오 스트라우스, 레몽 아롱, 알렉상드르 코제브 등 20세기 쟁쟁한 유대계 사상가들이 사상가로서 슈미트의 역량에 주목하고 정치적 입장을 초월하여 큰 관심을 가졌다. 제2차 세계대전 이후 은거 중인 슈미트를 코제브가 일부러 방문한 적도 있는데, 슈미트와 유대계 사상가와의 지적 교우관계는 매우 흥미로운 사실이다. 슈미트가 스피노자를 비롯한 유대계 사상가를 통렬히 비판했음에도 불구하고 말이다.

　슈미트에 주목한 저명한 유대계 사상가의 한 사람인 스트라우스는 젊은 시절 『정치적인 것의 개념』에 대해 슈미트 본인도 인정할 정도로 높은 수준의 논평을 발표한 적이 있다. 이렇게 지적 교류가 있었던 두 사람은 슈미트가 죽은 뒤에도 불가사의한 관계를 계속 이어가게 됐다. 놀랍게도 슈미트에 이어서 중국에서 대대적으로 소개된 사람이 레오 스트라우스였다.

2003년 5월 10일자 『보스턴 글로브』에 따르면 스트라우스의 유명한 제자 가운데 한 사람인 스탠리 로젠은 중국에서의 스트라우스의 인기를 알고 '지금 스트라우스를 가장 신뢰하는 나라는 중국'이라고 했다. 그 정도로 스트라우스 붐이 일어났던 것이다. 그 불을 댕긴 사람은 슈미트와 마찬가지로 류샤오펑과 그 친구이자, 이 책에 자주 등장한 간양이었다. 간양은 시카고대에서 오랫동안 공부한 적이 있으며, 그때 지도교수 중 한 사람이 스트라우스의 애제자이자 『미국 정신의 몰락』[161]이란 베스트셀러의 저자인 앨런 블룸이었다.

서양 학계에서 스트라우스는 롤스와 같은 주류라고는 할 수 없지만 소수 학파를 형성한 정치철학자로 알려져 있다. 인생 전반은 나치스의 대두로 엄청난 고난을 맛보았고, 그 뒤 독일을 탈출해 영국에 단기간 체재했다. 이후 미국으로 이주한 그는 지천명의 나이에 시카고대 교수가 되었다. 타계할 때까지 여러 뛰어난 학자를 길러냈고, 정치철학의 세계에서 무시할 수 없는 세력을 형성했다. 그 가운데 가장 유명한 제자가 앨런 블룸이고, 나중에 스트라우스 학파와 결별했던 리처드 로티 역시 시카고대 재학 중일 때 스트라우스의 지도하에 본격적으로 플라톤을 읽었다고 한다.

학계뿐만 아니라 정계에도 진출한 스트라우스의 제자, 그리고 제자의 제자가 다수 존재했다. 생전 공적 영향력과는 대조적으로 부시 정권에서는 그와 연관을 맺고 있는 사람들이 정권의 중추에 앉았을 뿐 아니라 네오콘의 대부로까지 불리기도 했다. 그 진상과 실태는 잘 알 수 없지만 적어도 이러한 소문이 스트라우스를 중국에서 유명하게 만든 원인 가운데 하나임에는 틀림없다.

스트라우스의 논적이던 벌린의 이야기에 따르면 스트라우스의 진면목은 성실하고 탁월한 학자이지만 그가 주창한 고전 철학을 읽는 방법—고대 철학자는 박해에서 벗어나기 위해서 행간에 깊은 의미를 숨기는 등의 수법을 썼기 때문에, 그 비의적秘義的, esoteric인 부분을 작품에서 읽어내지 않으면 안 된다—이나 르네상스 이후의 세계는 실증주의, 경험주의 등으로 부패했기 때문에 플라톤으로 대표되는 고전 정치철학으로 되돌아가야 한다는 등의 생각은 논외라고 말하고 있다.[162] 역으로 스트라우스의 입장에서 보자면 벌린은 바로 르네상스 이후, 그가 계속 비판했던 타락한 사상 전통에 '중독된' 사상가였을지도 모른다.

스트라우스의 『마키아벨리론』 같은 저서를 읽으면 알 수 있듯이 계몽사상에 대한 그의 평가는 극히 냉정했고, 계몽의 참된 이름은 '몽매주의'일지도 모른다고까지 말했다. 유대인으로 태어난 운명을 짊어지고 20세기를 강인한 정신으로 살아왔던 두 명의 탁월한 정치철학자가 극단적으로 대립하여 서로 의사소통이 불가능할 정도로 대립했다는 것 자체가 고찰할 만한 과제일 것이다. 이러한 점도 서양 사상의 복잡다단한 측면 가운데 하나가 아닐까 한다.

류샤오펑은 일찍이 벌린과 하이데거의 저명한 제자인 카를 뢰비트를 자신이 가장 존경하는 사상사가라고 말한 적이 있는데, 스트라우스의 사상을 접하고부터는 바로 그에게 빠져들어 매료되었으니, 꽤 재미있는 전향轉向인 셈이다. 현재 류샤오펑은 중국에서 스트라우스 학파의 리더가 되었고, 그 자신도 밀접하게 연관을 맺고 있던 중국의 새로운 계몽운동을 혹독하게 비판했으며, 스트라우스의 방법을 사용하여 근대 이후 중국에서 서양 사상의 수용 전체를 다시 평가하고자 활발한 작업을 펼치고 있다.

일본에서도 스트라우스는 정치사상 연구자들에 의해서 소개되거나 연구가 이루어지고 있지만, 중국처럼 붐이 일어났다고까지는 할 수 없다. 이러한 온도 차이는 어디에서 유래했을까? 어떤 점이 일본과 중국에서 스트라우스의 수용을 크게 좌우한 것일까? 스트라우스와 21세기 초 중국 사상계의 시공을 뛰어넘는 흥미로운 만남에 대해 류샤오펑의 논고 등을 단서로 살펴보고자 한다.

류샤오펑과 간양은 이인삼각으로 오늘날 중국의 서양 사상사 연구를 이끌어왔다. 스트라우스의 어떤 측면이 이들의 심금을 울렸을까? 류샤오펑이 스트라우스를 보는 관점을 가장 확실히 보여주는 「스트라우스와 중국: 고전적 심성과의 만남」[164]에서 그 답을 찾아보기로 하자.

—

류샤오펑이 얻은 '마법의 눈'

슈미트의 『정치적인 것의 개념』에 대해 스트라우스는 그의 서평 마지막 부분에서 슈미트에 의한 자유주의의 비판 또한 자유주의의 관점에 머무르고 있기 때문에 이를 완성시키려면 자유주의의 관점을 넘어서지 않으면 안 된다고 말하고 있다.[165] 스트라우스는 저서 『마키아벨리론』에서 마키아벨리의 위치가 서양 사상사에서 얼마나 커다란 전환점을 이루었는가를 알기 위해서는 서양 사상의 전근대 유산, 즉 고전 그리스의 사상과 성서聖書의 전통으

로 돌아가지 않으면 안 된다고 주장한다. 바꾸어 말하면 마키아
벨리 이후, 서양 사상은 기본적으로 다른 방향으로 나아갔기 때
문에 이것이 계몽 시대를 거쳐 오늘날까지 지속되고 있다는 비판
일 것이다.

　바젤대 신학부에 재학할 때 류샤오펑은 본격적으로 서양 고전
어를 공부했고, 그 이후 서양 사상의 원천에 대한 연구도 꾸준히
지속해왔다. 최근에는 서양 고전 철학의 소개와 연구에 커다란
정열을 쏟고 있기도 하다. 그의 입장에서 보자면 스트라우스가
주창한 철학은 본래의 의미에서의 철학, 즉 고전 그리스 철학에
서 정관靜觀의 반성이라는 의미를 띤 철학이다. 근대 이후 여러
철학의 유파는 이런저런 '주의主義, ism'밖에 없고, 스트라우스가
옹호하는 고전적 의미에서의 철학과는 지향하는 방향이 크게 달
랐다. 류샤오펑은 스트라우스 사상을 도입하는 제일 목적이 100
년 동안 이어진 근대 서양의 이런저런 '주의'에 대한 중국 지식인
의 '맹목적이고 열렬한' 추종으로부터 빠져나오기 위한 것이라고
단언한다.[166] 이 점은 예전 그의 자세와 비교하면 '대역전'이라고
해도 좋을 정도의 커다란 방향 전환이었다. 스트라우스의 고전
정치철학에 매료된 그는 우선 근대 이래의 정치철학 전체(루소,
칸트, 로베스피에르로부터 오늘날의 데리다까지)를 또다시 재고해야

하며, 그를 위해서는 고대인들의 눈으로 고전을 이해하고, 고전의 눈으로 현대 정치 학설을 평가해야 한다고 주장한다.[167]

　이는 완전히 스트라우스의 영향 아래 놓인 자세라고 할 수 있다. 류샤오펑은 이에 대해서 불쾌함이나 불만을 느끼는 사람이 모두 근대 이후의 철학, 특히 정치철학에 영향을 받았기 때문이라고 비판하는데, 이는 상당히 급진적인 입장이라고 할 수 있다(그는 스트라우스와 마찬가지로, 정치철학을 제1철학으로 보고 있기 때문에 여기에서 철학이란 기본적으로 정치철학을 가리킨다). 그러나 이처럼 스트라우스를 옹호하고 스트라우스의 주장에 전면적으로 동조한다면 당연히 그 이유를 자세히 서술하지 않으면 안 될 것이다. 달리 말해 근대 이후의 거의 모든 철학자, 사상가가 잘못된 방향으로 내닫고 말았고, 스트라우스만이 깨인 눈을 지니고 있었다는 것이다. 벌린이 말한 '마법의 눈magic eye'일 것이다. 신화나 기적처럼 들리는 이 이야기는 도대체 어느 정도 신빙성이 있는가라는 질문에 답해야만 할 터이다. 가령 이것이 옳다면 근대 이후의 사상가들이 예외 없이 빠졌던 미궁을 스트라우스는 어떻게 빠져나올 수 있었는지 그 '비결'을 밝혀야만 하리라. 스트라우스 학파에서 발견되는 엘리트주의, 고귀한 거짓말을 시인하는 듯한 발언 등을 생각하면, 필자와 같은 사람은 지성이 부족하기 때문에 이를 이해할 수 없다고 하면 그뿐이지만, 그것만으로는 설득력이 부족하다. 계시로 끝나버리는 종교적 차원의 이야기로 들리기 때문이다.

이론異論이 어떻든 간에 류샤오펑은 스트라우스의 『마키아벨리론』을 근거로 그 주장을 전개한다. 그에 따르면 스트라우스는 철학자로서 마키아벨리의 능력을 매우 높이 평가했지만, 그의 애국주의는 올바른 것과 올바르지 않은 것의 구별을 무시했다고 비판한다. 즉 어떤 것이 정의인가, 어떤 것이 사악한가, 마키아벨리는 이러한 구별을 무시했음에도 불구하고 그 학설을 일관되게 주장했기 때문에 근대 서양 사상에서의 정치 이론이 타락해버리는 길을 열었다는 것이다. 마키아벨리 사상의 사악한 본질을 간파하기 위해서는 이미 언급했듯이 서양의 전근대 유산을 부활시킬 수밖에 없다고 스트라우스는 강조한다.

이를 통해서 류샤오펑이 역설한 것, 철학과 신학 정치의 관계, 계시와 이성의 문제 혹은 고대와 근대의 투쟁 등은 스트라우스의 근본적인 관심사에 속하지만, 좀더 정확히 말하자면 스트라우스가 가장 중시한 것은 철학자의 도덕적·정치적 품격 혹은 철학자의 도덕적 타락의 문제라고 말해도 좋을 것이다. 이를 해결하기 위해 스트라우스가 선택한 것은 고전적 정치철학으로의 회귀였다. 즉 플라톤적인 정치철학으로의 회귀였다. 왜냐하면 플라톤은 도덕적·종교적인 각도에서 정치를 논했기 때문이다. 그 대표적 철학자가 스트라우스가 말하는 성숙한 시기의 철인 소크라테스였고, 이러한 회귀를 선택함에 따라 스트라우스는 슈미트나 다른 근대 이후의 사상가와 다른 새로운 시야를 확보할 수 있었다고 한다. 이는 진보와 보수, 좌파와 우파, 계몽운동과 낭만주의라는 대립을 뛰어넘는 관점이고 영원한 선, 영원한 질서에 관한 사상을 새로이 이해하게 되는 일이다. 이는 완전히 스트라우스에 사숙私淑하는 길을 선택한 류샤오펑의 새로운 선택이기도 했다. 도대체 왜 스트라우스의 가르침이 이처럼 중요한 것일까? 중국 스트라우스 학파의 선언과도 같은 그의 다음 발언을 인용해보기로 하자.

우리 중국의 일부 독자들은 삶과 죽음을 나누는 중요한 역사적 선택에 직면해 있다. 즉 '서양 근대의 계몽을 배워 우리 자신을 망치고 말 것인가, 아니면 플라톤적인 소크라테스식의 계몽을 받아들여 고전적 학문으로서 우리 자신을 교육하고 함양할 것인가'라는 양자 선택에 직면해 있다. 우리가 스트라우스를 소개하는 두 번째 목적은 바로 여기에 있다. 즉 근대 이후 서양의 문교文敎 제도를 근거로 한 학문에 대해 신중한 태도를 취해야 한다. 스트라우스가 제창한 고전 교육은 우리에게 계기를 가져다준 것이다. 고전 교육은 우리에게 고대의 고귀하고 위대한 혼에 주목할 것을 요구하고, 이는 고대부터 오늘날까지 전해져오는 고전을 통하지 않고서는 접근할 수 없는 것이기 때문이다. 옳고 그름, 선과 악, 정과 부정 등은 모두 도덕원리에 기초하지 않으면 안 되기 때문이다. 중국의 고대 문명도 서양의 고대 문명도, 고대부터 이러한 원칙이 확립되었지만, 현대의 사회과학은 이러한 원칙을 폐기하고, '지상'에 다른 원칙을 세웠기 때문에 우리는 고전의 원칙으로 돌아가지 않으면 안 된다. 이럴 때 비로소 우리는 학자로서의 도덕적·정치적 품격을 획득할 수 있다. 다행히도 우리 대학은 '신속히' 서양의 대학을 본받고 있는 단계라고는 하나, 아직 완전히 서양식 대학이 된 것은 아니다. 만약 우리의 문교 제도가 이미 프랑스나 독일처럼 고도로 미국화되었다고 한다면 스트라우스가 제창한 고전 학문은 절대로 이처럼 커다란 반향을 몰고 오지 못했을 것이다. 역으로 말하자면 우리의 문교 제도는 아직 완전하게 당신들과 같지 않

기 때문에 이를 계기로 급속히 고전 교육을 추진하지 않
으면 안 되는 것이다.[168]

이 인용을 통해 류샤오펑을 비롯한 중국의 스트라우스 학파의
생각이나 의도를 좀더 확실히 알 수 있을 것이다. 이는 25년 전부
터 독일의 낭만주의나 하이데거 철학 등을 통해 근대 이후의 다
양한 서양 사상을 정력적으로 중국 학계에 소개해온 대표적인 학
자의 현재 입장이다. 류샤오펑은 스트라우스가 유대교라는 '마법
의 눈'으로 근대 사상의 심층에 숨겨진 문제를 간파했다고 본다.
그리고 나아가 스트라우스 사상이라는 마법의 눈으로써 근대의
문제를 발견했을 뿐만 아니라, 청말淸末 이래 중국의 길과 서양의
길 사이의 관련성을 생각하는 새로운 발상도 얻어냈던 것이다.
더 자세히 말하자면, 스트라우스가 주창한 고전적 정치철학 덕분
에 한 세기 이상 '중국의 길'이 직면해온 것은 사실 '서양 근대의
길'일 뿐, 서양 고전의 길은 아니었다. 서양 근대의 길과 고전적인
길 사이에 단절이 있다는 새로운 이해를 얻은 것이다.
　류샤오펑은 이 귀중한 '깨달음'을 경험했기 때문에, 근대 이후
의 서양 사상으로 중국 사상을 비판하고 개조해온 종래 중국 지
식인의 입장을 바꾸어야 한다고 여긴다. 그에 따라 근대 서양의

여러 문교 시스템의 '맹목적이고 열렬한' 정치사상으로부터의 탈출도 가능하다고 할 수 있다. 서양 근대 이래 거의 300년 동안 그리고 근대 이래 중국은 거의 100년 동안 자신들의 정신적 고향을 잃었는데, 이러한 고전적인 심성과의 조우를 통해 비로소 자신을 돌이킬 수 있다고 하는 것이다.

이 같은 이념에 입각한 중국 스트라우스 학파의 노력은 괄목할 만한 것이었다. 류샤오펑은 간양 등의 친구와 더불어 몇 가지 총서를 편집했는데, 그 하나가 '고전과 해석經典與解釋' 총서다. 스트라우스 학파의 기관지인 『해석Interpretation』을 방불케 하는 이름이다. 플라톤 등의 고전 번역이나 연구논문집도 속속 발간하고 있다. 이 덕분에 대학에서 고전 그리스어나 라틴어를 공부하는 학생들도 늘고 있다. 물론 그들의 제창으로 고전 연구가 심화되었다는 점은 칭찬해 마땅할 것이라고 생각하지만, 그 의도에 대해 반론을 제기하는 학자들도 적지 않다. 류샤오펑의 입장에서 계몽사상이라는 '색안경'을 이미 쓰고 있는 사람들은 근저에서 자신들의 신념이 부정되고 있기 때문에 당연한 반발이라고 할 것이다.

류샤오펑 자신도 일찍이 매우 존경했던 칸트는 오늘 그가 본다면—물론 스트라우스에게 배운 결과이지만—현대에 니힐리즘으로 가는 길을 연 사상가의 한 사람이다. 이것이 칸트에게 과연 공평한 비평일지 매우 의심스럽지만 중국 스트라우스 학파의 전형적인 견해의 하나로 소개해두고자 한다.

우리는 이 사상의 전향을 어떻게 이해해야 할 것인가. 류샤오핑은 필자가 지난 20년간 가장 애독해왔고, 가장 존경해 마지않는 중국 학자 가운데 한 사람이지만, 이러한 군자표변君子豹變의 모습을 흉내내서는 안 된다고 생각한다. 류샤오핑은 벌린과 스트라우스를 대비한 논문도 썼는데, 여기서 벌린을 '철학의 배신자'라고 혹평하고, 스트라우스를 절대시하듯 높이 평가하고 있다. 양자 가운데 어느 쪽이 올바른가를 판단할 수는 없지만, 스트라우스와 같은 관점도 중국 사상의 더 건전한 발전을 위해 필요하다고 본다. 근대 서양 사상에 대한 일변도 역시 왜곡을 불러일으킬지 모르기 때문이다. 실제로 오늘날 서양세계가 모든 면에서 우리의 모델이 될 수는 없다. 근대를 '미완의 프로젝트'라 생각하고 계몽을 옹호하는 하버마스조차 결코 계몽을 무조건 지지하지는 않는다. 하지만 마키아벨리 이후의 근대 사상, 특히 계몽 이후의 사상이 모두 중요한 부분에서 길을 잘못 들었다는 판단은 신중히 음미해볼 필요가 있을 것이다.

계몽의 중요한 이념 중 하나인 진보주의가 극단으로 달린 결과 항상 새로운 것만을 찾는 문제가 발생해버렸고, 이것이 결국에는 니힐리즘으로 이어질 우려도 있다. 그러나 정치철학의 고전적인 본연의 자세만을 숭배해서 과연 문제를 해결할 수 있을까? 류샤오펑처럼 고전 정치철학의 눈으로 근대 사상과 계몽사상을 살펴보고 무언가를 바로잡을 필요가 있다면, 거꾸로 전회해서 근대 계몽사상을 통해 고전 정치철학을 직시할 필요는 없는 것일까? 모든 고전 정치철학이 올바르고 훌륭하다고 주장하는 것은 아무래도 옛날 유학자들의 주장을 떠올리게 한다. 하나라, 상나라, 주나라의 3대 왕조가 가장 훌륭했다는 노스탤지어 말이다.

마루야마 마사오는 일찍이 후쿠자와 유키치를 논할 때 후쿠자와의 양안주의兩眼主義를 칭찬한 적이 있다. 후쿠자와가 말하는 반대의 생각에도 주목하고 거기에서 사색할 수도 있다는 양안주의에 입각해, 혹닉惑溺[제정신을 잃고 미혹되어 탐닉함]과 자가 중독을 피할 수 있다는 것이다. 스트라우스는 근대 사상의 문제를 생각할 때 하나의 귀중한 단서를 제공했지만, 계몽사상에 '중독된' 필자는 그것이 유일한 길이라고는 도저히 생각할 수 없다.

이 책의 첫머리에 창간 경위를 소개했던 『독서』는 오늘날에도 계속 중국 논단을 대표하는 종합 비평 잡지로서의 위치를 유지하고 있다. 그리고 창간호에 그때까지의 사상 통제를 비판하는 「독서에 금지 구역이란 존재하지 않는다」가 게재된 지도 벌써 30년 넘는 세월이 흘렀다. 오늘날에는 당시 읽을 수 없었던 책은 물론이고, 여러 장르의 책이나 전자책까지 손쉽게 입수할 수 있게 되었다. 중국 아마존에서 사상서를 포함해 영어 원서도 구입할 수 있는 현실을 예전의 독자라면 상상도 할 수 없었으리라. 심지어 이 무렵에는 발자크나 톨스토이 같은 19세기 문호의 작품도 구입하는 데 오랜 시간이 걸렸을 뿐만 아니라 많은 고생을 해야만 했기 때문이다.

당시로부터 중국은 여러 측면에서 크게 변모했고, 특히 경제적으로 큰 성과를 거두었다. 국내총생산GDP으로 선진국을 추월하겠다는 마오쩌둥 시대의 꿈이 겨우 부분적으로 실현되었다. 돌이켜보면 1980년대부터 2010년대까지 30년 동안 아편전쟁 이래 중국으로서는 처음 맞는 안정된 장기 성장기였다. 1840년대부터 시작된 '수난의 시대'에 겨우 마침표를 찍은 30년이기도 했다. 개혁개방으로 방향타를 돌린 이래 오늘날까지 여러 우여곡절이 있었고, 환경 문제나 사회적 빈부 격차 등의 과제도 많지만, 적어도 경제적인 측면에서 보면 장족의 발전이 있었다고 해도 틀린 말은 아닐 것이다.

메이지 시대의 일본과 마찬가지로 근대 이후의 중국인으로서도 서양 열강의 진출을 목전에 두고 나라를 어떻게 부강하게 하고 부흥시킬 것인가가 가장 큰 꿈이었다. 중국도 일본도 '근대화'라는 역사적 과제를 짊어지고 각자의 길을 걸어나갔지만, 서양으로부터 '강제'된 '근대화'의 길을 선택했다는 점에서 공통된 특징이 있었다. 이 격동의 한 세기 반은 각자 커다란 좌절과 실패도 경험했지만 또한 부흥을 위해서 지식인을 포함한 많은 사람이 심혈을 기울인 장대한 역사이기도 했다.

　필자가 이 책에서 다룬 것은 바로 중국의 그런 격렬한 변화 속의 한 장면이다. 약 30년간의 중국 사상계가 어떻게 여러 선진국의 사상 문화를 받아들여 자기 것으로 만들어왔는가, 그 드라마를 독자 여러분과 함께 개관해보았다. 이 30년은 인류의 기나긴 역사 가운데 짧디짧은 한 순간에 불과하다. 그러나 이 사이 선진국의 여러 사상 문화가 마치 주마등처럼 중국 사상계라는 무대에 출현했고, 각자의 추종자나 팬을 만들어냈고, 경우에 따라서는 격렬한 논쟁을 일으키기도 했다.

　초창기 사르트르 붐으로부터 오늘날 세계적인 학자나 사상가의 중국 방문까지, 그 다종다양한 지적 교류는 전환기에 처해 있는 중국의 지식사회를 크게 바꾸어놓았다. 마르크스주의는 여전히 정식 이데올로기로서 부동의 지위를 점하고 있지만, 예전처럼 마르크스를 인용하면서 논문을 쓰는 스타일은 거의 사라지고 말았다. 학자들이 연구할 수 있는 범위라는 측면에서, 전체주의를 전 생애를 걸고 비판의 표적으로 삼았던 카를 포퍼든, 나치스의 '계관철학자'였던 카를 슈미트든 혹은 그 지적 작업이 오늘날 중국으로서는 조금 시기상조라고 할 수 있는 데리다의 철학이든, 중국 정부의 공식 입장과는 커다란 차이가 있는 사상가의 소개나 연구도 기본적으로 자유로워졌다. 이는 30년 전 「독서에 금지 구역이란 존재하지 않는다」라는 글이 발표된 시대를 생각해보면, 문자 그대로 격세지감이 들 수밖에 없는 일이다. 그런 의미에서 이 30년이라는 세월은 경제가 크게 발전했던 성장기일 뿐만 아니라, 문화나 사상의 측면에서도 조금씩 안정을 찾아 발전 단계에 접어든 시기이기도 하다.

1980년대 이래 수많은 풍운을 접하면서 성인이 된 한 사람의 목격자로서 당시의 이상주의적 분위기는 지금까지도 결코 잊지 못한다. 특히 사상계에서 발견되는 저 되살아난 선비 같은 기개는 오늘날에는 거의 볼 수 없게 된 귀중한 것이다. 경제 등이 붕괴 직전까지 내몰린 나라를 근대 국가로 재건하려고 하자, 지식의 가치가 존중을 받아서 그 창조자인 지식인이 근대화라는 당시의 지상 목표를 위하여 소이小異를 버리고 대동大同을 선택한, 이상을 위해 분발한 시대이기도 했다. 근대화를 위해, 개혁을 위해 민관이 혼연일체가 되었다는 의미에서도 이 시대는 하나의 훌륭한 모델이었다. 당시 개명한 지도자인 후야오방胡耀邦 등의 지도

력으로 정부와 지식인 간에는 신뢰관계가 형성됐고, 이는 공산당과 지식인의 밀월이라고 불릴 정도였다고 한다.

누가 뭐래도, 무엇이든 배우려는 에너지 넘치는 자세는 놀라운 것이었다. 당시 사람들은 입버릇처럼 "문혁 등으로 잃어버린 세월을 되찾고 싶다"고 말하곤 했고, 모두 탐욕스럽게 지식이나 사상을 열심히 흡수하고 있었다. 당시 공립도서관은 일찍 가지 않으면 들어갈 수 없을 정도로 언제나 공부하는 사람들로 가득했다. 인문 사상계에 한정해서 보자면 단기간에 사르트르, 하이데거, 프로이트, 서구 마르크스주의 등 마치 서양 근대가 만들어낸 모든 지식을 한꺼번에 손에 넣으려는 긴박감과 초조감이 느껴진다. 문혁 등의 정치적 혼란이 세계의 학계나 사상계에 대폭 남아 있기 때문에, 문자 그대로 '필사적'이 아니면 지구로부터 '구적球籍'이 말소될지 모른다고 진지하게 우려하는 지식인도 여럿 있었다.

현재는 어설픈 형태로 외국의 지식이나 사상을 흡수한 것은 아니냐는 지적도 있지만 필자로서는 관대히 평가해야 한다고 생각한다. 이 시대를 살았던 사람들이 처한 상황에 입각해서 생각하지 않으면 도리어 현실과 동떨어진 비판이 되어버리기 때문이다. 문화 붐을 정점으로 한 1980년대에 존재했던 저 이상주의는 어떤 시대, 어떤 나라에서도 사회 진보에 불가결한 것이라고 굳게 믿는다.

1990년대에 들어선 뒤 중국이 1992년 덩샤오핑의 '남순강화南巡講話'를 경계로 하여 GDP 증가라는 목표를 향해 한눈팔지 않고 돌진하기 시작했다는 것은 널리 알려진 사실이다. 그러나 경제 발전과 연동한 형태로 배금주의가 만연하고 국민 도덕의 저하를 한탄하는 목소리도 높아졌다. 이데올로기는 국가를 통치하는 정식 사상으로서의 지위를 상실했고, 일반 민중에게 마르크스·엥겔스는 머나먼 세계의 위인일 뿐, 중요한 것은 경제와 돈이었다. 공무원도 자신들을 평가하는 가장 중요한 성과는 GDP였을 것이다. 이것이 이 시대의 분위기이고 가치관의 중핵이었던 것이다.

1989년 이후 2~3년 동안 급격한 환경변화가 있었다고는 하나, 선진 여러 나라의 사상 문화는 문화혁명 때처럼 금지된 것은 아니었다. 마오쩌둥 시대처럼 쇄국을 한다는 것은 도저히 생각할 수 없었다. 국민의 관심은 거의 경제에만 집중되어서 사르트르 붐처럼 사상에 대한 강한 동경은 이제 사라져버리고 말았다. '사상의 겨울'에 들어선 중국 지식인들이 어떻게 선진 여러 나라의 사상을 수용해왔는가는 이 책에서 계속 조감해온 쟁점이다. 여기에서는 1980년대와의 비교에 대해서 조금 추가해보기로 한다.

1980년대에는 민관이 모두 근대화를 지향하고 있었고, 이를 어떤 의미에서 단순화시킨 측면도 있지만, 목표는 매우 명확했다. 다만 1990년대에 들어서는 더 많은 사상이나 학문이 소개되었고, 사상 분야에서는 공통의 목표가 사라졌다. 포스트모던처럼 '최첨단'의 사상이 성난 파도같이 상륙하여 뭐가 뭔지 도대체 알수 없게 되었고, 상대주의가 만연하는 토양이 만들어졌다. 넓은 마당에 동서고금의 사상 자원이 다수 집적되었지만 시대의 요구에 부응하는 사상이 만들어졌던 것은 아니다.

그렇더라도 약 20년간 중국에 소개된 철학이나 사상을 돌이켜보면, 장관이라고 하고 싶을 정도로 실로 다종다양하며, 또한 연구 수준 또한 착실히 향상되었다. 1980년대에 중국의 학자는 국제 철학 학회에 출석해도 논의에 거의 참가할 수 없었다고 한다. 지금은 상황이 달라졌다. 현상학계에서는 현상학 대가의 저작 번역이 이루어지고 있을 뿐만 아니라, 스스로의 힘으로 전문가를 키울 수 있고 연구총서도 발행하고 있다. 국제 학계와의 교류도 진전되어 세계 수준을 목표로 하는 연구가 진행되고 있다.

사상의 후진국이 선진국의 사상이나 학문을 도입할 때, 어떻게 해도 자국의 상황이 일종의 선이해先理解, pre-understanding로 작용해, 그 사회가 필요로 하는 것이 기준이 되는 경우가 많다. 최근 정치철학의 발흥은 어찌됐건 과도기 중국의 과제를 상징하는 사건일 것이다. 간단히 말하자면 '중국은 어디로 가는가'라는 큰 질문에 대한 학계의 답변이며, 이는 사상계와 중국 사회의 연동이기도 한 것이다.

집필에 제공된 원고의 분량이나 자료, 필자의 능력 등으로 인한 제약 속에서 모든 사조를 빠짐없이 세세히 회고한다는 것은 불가능한 일이다. 예를 들면 20세기 철학 가운데 가장 중요한 분야의 하나인 분석철학의 수용도 소개해야 마땅하지만 생략할 수밖에 없었다. 그렇다고는 해도 중국의 입장에서 분석철학이 중요하지 않은 것은 결코 아니다. 이 책에서 소개한 리쩌허우라는 탁월한 철학자의 말을 빌리자면, 형식논리학의 원리를 지키지 않고 문장을 쓰는 사람이 많은 중국에서 분석철학은 매우 필요하다. 이러한 의미에서 20세기에 접어들면서부터 『비트겐슈타인 전집』이나 『콰인 저작집』 같은 역본이 나온 것은 실로 기념비적인 일이다. 분석철학처럼 명석한 사고를 지향하는 사유 방법은 이러한 전통이 빈약한 중국 사상의 발전에 귀중한 '영양분'이 될 것이기 때문이다.

또한 이 책에서는 리쾨르, 데리다, 하버마스 등의 중국 방문에 대해 서술했지만, 그들 외에도 찰스 테일러나 리처드 로티, 촘스

키 등을 비롯한 많은 사상가가 그 후에도 중국을 방문했다. 2010년 3월에는 상하이의 명문 대학인 푸단대에서 마이클 샌델이 강연했고, 중국의 학자나 학생과 교류했다. 강연 내용은 일본에서의 강연과 거의 같았지만, 현장에 있었던 필자로서는 중국 학생들이 유창한 영어를 구사하면서 샌델과 '정의'에 대해 격렬하게 토론하는 장면이 인상 깊었다.

이 2~3년간 중국의 논단을 시끄럽게 했던 화제 중 하나는 중국식 발전 모델, 즉 '중국 모델'이 있는가, 있다면 그 특징은 무엇인가라는 논의였다. 2009년 8월 일본의 『중앙공론』에 프랜시스 후쿠야마의 인터뷰 기사인 「일본이여! 중국의 세기를 직면하라」가 게재된 직후, 중국의 한 유명한 웹사이트는 그 일부, 후쿠야마가 중국의 역사나 정치 시스템의 장점을 평가한 부분을 중심으로 재빨리 초역을 해서 게재했다. 여기에서는 후쿠야마가 중국 모델을 지지하는 듯한 인상을 준 평론을 추가하기도 했다. 이 초역은 순식간에 수많은 사이트로 전해져 '역사의 종말'을 제창한 프랜시스 후쿠야마도 우리의 성공을 칭찬하고 있다는 도취감이 퍼졌다. 이 일화는 중국 내에 중국 모델을 제창하려는 움직임이 존재한다는 것을 말해준다. 또한 이 중국 모델에 대해서 많은 중국 학자나 논객이 확실히 반론하기도 했다.

한편으로는 자신들의 사상 전통을 좀더 냉정하고 객관적으로 재평가하려는 움직임도 나타난다. 미국으로 건너간 역사학자 탕더강唐德剛(1920~2000)의 '역사삼협설歷史三峽說'을 그 좋은 예로 여기에 소개하고자 한다. 진시황 전후부터 중국에 커다란 방향 전환이 일어나 봉건제로부터 군현제로 옮겨갔고, 그 변화 과정이 2300년간 지속된 결과, 겨우 안정되었다. 그 후 1000년 이상이나 그 체제가 지속되었으나 청조 말기에 이르러 서양 열강의 진출에 의해 붕괴되었다. 이에 새로운 시스템이 모색되었는데 또한 200년 정도가 필요했다. 그사이 무수한 생명이 희생되었다. 바로 양쯔 강의 삼협을 통과하는 듯이 위험으로 가득 찬 역사 단계인 것이다. 그리고 커다란 돌발 사태가 없다면 아편전쟁 200주년인 2040년 무렵 이 역사의 삼협을 통과할 것이라는 것이 탕더강의 예측이다.

탕더강은 자신도 전란이 많았던 20세기 중국을 경험한 한 사람으로서 평생 중국사를 연구하여 미래에 대한 기대를 담아 이러한 대담한 예측을 내렸을 것이다. 이 역사의 삼협을 언제 완전히 빠져나올 수 있을까? 누구도 정확히 예측할 수 없겠지만, 탕더강이 말한 대로 언젠가는 반드시 빠져나오지 않으면 안 된다. 이 책이 밟아온 최근 30년간 중국 사상계의 노력도 그 과도기로부터 빠져나오기 위한 중요한 시도의 일환이다. 어떠한 결과가 나올 것인가. 어떠한 새로운 사상이 중국에 나타날 것인가. 아직 단언하기는 어렵다. 여러 문제가 수반되긴 했지만, 지금까지의 경제 발전이 멈추지 않는 한, 또 보편적인 가치관을 계속 도입하여 중국 사회가 조금씩 열린 세계가 된다면 사상계도 새로운 전개를 보일 것임에 틀림없다. 필자 역시 여기에 미래를 걸고 희망을 찾고자 한다.

매우 '주제넘은 일僭越'을 하고야 말았다. 나처럼 중국 사상을 전공하지 않은 사람이 이러한 책을 썼기 때문에, 우선 이 과정에 대해서 독자 여러분께 몇 가지 밝히지 않으면 안 될 것이다.

벌써 4년이나 세월이 흘렀지만, 내가 특임연구원으로 근무하던 도쿄대 글로벌 COE 공생을 위한 국제 철학 교육연구센터UTCP는 상하이 화둥사범대와 발터 벤야민에 대한 심포지엄을 공동으로 주최하게 되었다. 여기에 나는 통역으로 동행한 바 있다. 이 중일 간의 지적 교류를 만끽하고 돌아온 뒤, 센터장인 고바야시 야스오小林康夫 선생은 내게 『미라이未來』라는 잡지에 글을 기고해볼 것을 권유했다. 당시 의욕이 저하된 상태에 빠진 나를 어떻게든 분발시키고자 했으리라. 특별히 이렇다 할 만한 주제를 정해주지 않았기 때문에, 벤야민 심포지엄을 소재로 하여 최근 중국에서의 현대 사상 수용에 대한 글을 썼다.

이 글은 『미라이』에 발표된 뒤 UTCP의 블로그에도 전재되었다. 그런데 이것이 웬일로 고단샤의 기획자 아오야마 유青山遊 씨 눈에 띄어 "중국의 현대 사상 수용에 관한 책을 한 권 써보면 어떨까요"라는 연락을 받았다. 나로서는 참으로 망외의 기쁨이었다. 동시에 내가 과연 쓸 수 있을까 하는 생각도 강하게 들었다. 결국 아오야마 씨의 설득과 고바야시 선생의 종용으로 끝내 만용을 부려서 이 임무를 맡게 되었다. 나에 대한 도전으로, 또한 지금까지 배워온 것에 대한 하나의 중간보고로 써보자고 결심한 것이다. 그로부터 벌써 3년이라는 세월이 흘렀고 여러 시행착오를 거쳐 겨우 책을 내게 되었지만, 돌이켜보면 고바야시 선생과 아오야마 씨의 귀중한 가르침과 질정이 없었다면 도저히 완성할 수 없었을 것이다. 우선 여기에 두 분께 깊은 감사의 마음을 적고자 한다. 아오야마 씨는 편집자로서 굳은 인내를 가지고 내 작업을 지켜봤을 뿐만 아니라, 처음 구상에서 문장의 윤색까지 여러 층

고를 해주셨으니, 이 책의 완성에 결코 빼놓을 수 없는 존재였다. 두 분의 호의를 저버리지 않도록 최선을 다했지만 능력 부족으로 인해 어떤 결함이 있다면 전적으로 내 책임임은 말할 나위가 없다.

일본에 유학한 이래, 오로지 일본과 서양의 사상 문화를 중심으로 공부하고 연구해왔다. 중국 사상은 내 전공 분야는 아니지만, 말할 필요도 없이 항상 관심을 가져왔고, 그저 방관자라고는 전혀 생각하지 않았다. 어떤 의미에서는 내 연구에 있어 소중한 원체험이었다. 현재 중국 사상계를 이끄는 학자들과의 교류는 이 책을 집필하는 데 커다란 도움이 되었다. 그러나 대학원에 들어온 이래 지도교수이신 야마와키 나오시 교수, 구로즈미 마코토 교수, 모리 마사미 교수의 오랜 지도와 가르침이 없었다면 이 책을 내는 것 역시 불가능했으리라. 선생님들의 은덕으로 학문의 길을 줄곧 걸어올 수 있었다. 불초 제자이지만 이 기회를 빌려 진심으로 감사의 말을 전하고자 한다.

끝으로 이 책에 인용된 중국과 일본의 연구자들께도 감사하다고 말하고 싶다. 그들의 훌륭한 업적을 참고로 할 수 없었다면 이 책의 작업은 훨씬 더 난항을 겪을 수밖에 없었을 것이다. 무엇보다도 통섭적인 작업이기 때문에 필자 한 사람의 힘으로 모든 부분의 구석구석까지 다룰 수는 없지만, 일본과 중국의 선배 학자들의 연구에서 깨달음을 얻고 자극을 받은 덕분에 작업을 진척해 나갈 수 있었다. 특히 리쾨르, 하버마스, 데리다의 중국 방문 강연록을 읽으며 귀중한 체험을 할 수 있었다. 이 강연록은 중국 지성과 세계적인 지성이 절차탁마한 기록이고, 또한 동서 사상이 얼마나 훌륭하게 교류했는지 보여주는 증거이기도 하다. 중국 연구자들이 처한 환경은 일본의 그것에 도저히 미칠 수 없지만, 그 가운데서도 중국 사회에 만연한 배금주의에 지지 않고 학문적 탐구를 계속하고 있다는 점에서 깊이 존경하지 않을 수 없다. 그들의 노력은 중국 모델을 제창한 논객들보다는 중국의 입장에서 훨씬 더 중요하며, 또한 세계로서도 의미가 있다고 확신한다.

2011년 4월

왕첸

王元和, 『淸園近作集』, 文匯出版社, 2004

甘陽, 『將錯就錯』, 三聯書店, 2002

甘陽 編集, 『八十年代文化意識』, 上海人民出版社, 2006

甘陽, 『古今中西之爭』, 三聯書店, 2006

許紀霖·劉擎 編集, 『麗娃河畔論思想: 華東師範大學思與文講座講演錄』, 華東師範大學出版社, 2004

倪梁康, 『現象學及其效應: 胡塞爾與當代德國哲學』, 1994

倪梁康 他 編集, 『中國現象學與哲學評論』 第1號, 上海譯文出版社, 1995

倪梁康, 『理念人』, 北京大學出版社, 2007

倪梁康, 『胡塞爾現象學槪念通釋』(修訂版), 三聯書店, 2007

洪漢鼎, 『當代西方哲學兩大思潮』, 商務印書館, 2010

洪謙, 『洪謙選集』(韓林合編集), 吉林人民出版社, 2005

顧準, 『顧準文集』, 貴州人民出版社, 1994

查建英, 『八十年代訪談錄』, 三聯書店, 2006

周國平, 『尼采: 在世紀的轉折点上』, 新世界出版社, 2008

徐梵澄, 『古典重溫』, 北京大學出版社, 2007

沈昌文, 『樓閣人語: 「讀書」的知識分子記憶』, 作家出版社, 2003

沈昌文, 『知道: 沈昌文口述自傳』, 花城出版社, 2008

孫周興, 『說不可說之神秘』, 上海三聯書店, 1994

中國社會科學院哲學研究所 編集, 『蛤貝馬斯在華講演集』, 人民出版社, 2002

張祥龍, 『海德格爾思想與中國天道』(修訂版), 三聯書店, 2002

張祥龍·杜小眞·黃應全, 『現象學思潮在中國』, 首都師範大學出版社, 2002

陳嘉映, 『海德格爾哲學槪論』, 三聯書店, 1995

陳曉明·楊鵬, 『結構主義與後結構主義在中國』, 首都師範大學出版社, 2002

鄧正來·郝雨凡 編集, 『中國人文社會科學三十年』, 復旦大學出版社, 2008

編輯部, 『「讀書」三十年』(DVD), 三聯書店, 2009

德尼·具多來, 『列維: 斯特勞斯傳』(드니 베르톨레의 레비스트로스 전기), 中國人民大學, 2008

杜小眞 編集, 『利科北大講演錄』, 北京大學出版社, 2000

杜小眞·張寧, 『德里達中國講演錄』, 中央編譯出版社, 2003

香港中文大學·中國文化研究所 編集, 『二十一世紀』, 2001年6月號(總第68)

丸山眞男, 區建英 譯, 『日本近代思想家 福澤諭吉』, 世界知識出版社, 1997

熊偉, 『自由的眞諦』, 中央編譯出版社, 1997

余英時, 『士與中國文化』, 上海人民出版社, 1987

李銀河, 『福柯與性: 解讀福柯'性史'』, 山東人民出版社, 2001

李澤厚, 『走我自己的路』(改訂版), 安徽文藝出版社, 1994

劉小楓 編著, 『施米特與政治法學』, 上海三聯書店, 2002

劉小楓, 『揀盡寒枝』, 華夏出版社, 2007

劉小楓, 『儒教與民族國家』, 華夏出版社, 2007

劉小楓, 『聖靈降臨的敍事』, 華夏出版社, 2008

劉小楓, 『重啓古典詩學』, 華夏出版社, 2010

柳鳴九 編集, 『薩特研究』, 中國社會科學出版社, 1981

レーモン・アロン, 『レーモン・アロン回想録』, みすず書房, 1999

カール・シュミット, 『カール・シュミット著作集』, 長尾龍一 編, 慈學社, 2007

莊子, 金谷治 譯注, 『莊子』, 岩波書店, 2004

長尾龍一, 『リヴァイアサン: 近代國家の思想と歷史』, 講談社, 1994

新田義弘・小川侃 編集, 『現象學の根本問題』, 晃洋書房, 1978

M. ハイデッガー, 川原榮峰 譯, 『形而上學入門』, 平凡社, 1994

I. バーリン/R・ジャハンベグロー, 河合秀和 譯, 『ある思想史家の回想: アイザィア・バーリンとの對話』, みすず書房, 1993

丸山眞男, 『丸山眞男集』, 岩波書店, 1995~1997

みすず編輯部 編, 『丸山眞男の世界』, みすず書房, 1997

カール・レーヴィット, 中村啓・永沼更始郎 譯, 『ある反時代的考察』, 法政大學出版局, 1992

Isaiah Berlin, *The First and the Last*, New York Review of Books, 1999

Ernst Cassirer, *An Essay on Man: An Introduction to a Philosophy of Human Culture*, Yale University Press, 1972

Michel Foucault, *The Foucault Reader*, Vintage, 1984

Erich Fromm, *The Fear of Freedom*, Routledge, 1989

Habermas, *Autonomy and Solidarity: Interviews with Jurgen Habermas*, Verso, 1992

Richard Kearney and Mara Rainwater ed., *Confessions of a Dangerous Mind: An Unauthorized Autobiography*, Routledge, 1989

Jan-Werner Müller, *A Dangerous Mind: Carl Schmitt in Post-War European Thought*, Yale University Press, 2003

Leo Strauss, *Thoughts on Machiavelli*, University of Washington Press, 1969

Max Weber, *The Protestant Ethic and the Spirit of Capitalism*, Unwin, 1985

愛思想 http://www.aisixiang.com/

學術中華 http://www.xschina.org/

古典學園 http://akademeia.vip126.kaiyelen.net/

思與文 http://www.chinese-thought.org/

社會學視野 http://www.sociologyol.org/

世界哲學網 http://www.worldphilosohpy.com/

中國現象學 http://www.cnphenomenology.com/

중국어 발음

http://blog.daum.net/gubon88/8710837

1 리쩌허우李澤厚(1930~) 1980년대 중국에서 가장 영향력 있는 사상가이자 저명한 철학자이기도 하다. 대표작으로 『비판철학의 비판』 『미의 역정』 등이 있다. 오늘날에도 일본어 역서가 2권 나와 있다. 阪元ひろ子 外譯, 『中國の文化心理構造: 現代中國を解く鍵』(平凡社, 1989), 興膳宏 外譯, 『中國の傳統美學』(平凡社, 1995). '하방下方'은 간부를 농촌이나 광산에 파견하여 일정 기간 노동을 하게끔 해서 단련시키는 것을 말한다.

2 1980년대 중반부터 선진국의 사상 문화를 소개하는 여러 총서가 나오기 시작했다. 대표적인 것으로 번역과 연구서를 모두 포함한 쓰촨런민출판사의 『走向未來叢書』, 일본을 포함한 선진국의 대표적인 인문서의 번역 시리즈인 싼롄서점의 『現代西方學術文庫』, 상하이이원출판사의 『二十世紀西方哲學譯叢』 등이 있다. 이들 학술 총서는 사상의 계몽이라는 측면에서 이루 다 헤아릴 수 없는 역할을 했다.

3 남순강화南巡講話는 덩샤오핑이 1992년 1월부터 2월까지 우한武漢, 광둥廣東, 상하이上海 등을 시찰하고 경제 개혁을 더 추진하라는 지시를 내린 것을 가리킨다. 이를 계기로 톈안먼 사건 이후 자주 정체 상태에 있었던 경제 개혁이 다시 궤도에 올랐고, 오늘날까지 고도 성장을 지속하게 되었다.

4   上山安敏,『神話と科學-ヨーロッパ知識社会 世紀末~20世紀』(岩波現代文庫), 岩波書店, 2001, p. 159.

5   첸중수錢鍾書는 중국사회과학원 부원장 등을 역임한 20세기 중국을 대표하는 인문학자다. 저작집 『錢鍾書集』 전13권(三聯書店, 2007)이 있다. 소설 『圍城』은 일본어판 『結婚狂詩曲』(岩波文庫 수록)으로 나왔다.[이 책의 한국어판은 『포위된 성』(전2권, 실록출판사, 1994)이다. 그 밖에 한국어로 번역된 첸중수의 책으로는 『송시선주』(이홍진 옮김, 역락, 2010) 등이 있다.]

6   沈昌文, 『閣樓人語: 『讀書』的知識分子記憶』(北京, 作家出版社, 2003). 선창원은 뛰어난 출판인으로 『독서』 창간 다음 해부터 편집부에 들어가 1995년까지 싼롄서점 사장 겸 『독서』 편집장 등을 지낸 바 있다.

7   柳鳴九, 「給薩特以歷史地位」, 『讀書』 1980년 7월호, 三聯書店, 109쪽. 이하 번역문에 특별한 설명이 없는 한, 인용자에 의한 것이다.

8   柳鳴九, 「サルトル'シモーヌ·ド·ボーヴォワールと共に」, 『讀書』 1982년 3월호, 135쪽.

9   柳鳴九, 위의 글, 138쪽.

10   柳鳴九, 위의 글.

11   귀훙안, 「카뮈의 『페스트』에 대해서」, 『독서』 1982년 2월호, 52쪽.

12   귀훙안, 같은 글, 53쪽.

13   崔衛平, 「サルトルと中國」, 學術中華 웹사이트(http://www.xschina.org/show.php?id=4050), 2010년 6월 13일 확인.

14   「マックス·ヴェーバー -ある思想家の肖像: 座談會記錄」, 『讀書』 1985년 12월호, 38쪽.

15   陳曉平, 「探索歷史的複雜性」, 『讀書』 1987년 1월호, 20~29쪽.

16   일본어 번역 제목은 『中國近世の宗教倫理と商業精神』(森紀子 譯, 平凡社, 1991).[위잉스余英時는 1930년 허베이 성 톈진天津에서 출생했으며 원적은 안후이 성 쳰산潛山이다. 국공 내전 시기에 홍콩에 건너와서 베이

징대 교수를 역임했던 첸무錢穆가 설립한 신아서원新亞書院의 제1회 졸업생이 되었다. 그 뒤 미국으로 건너가 1962년 하버드대에서 박사학위를 받았고, 예일대, 프린스턴대, 코넬대 특임교수 등을 지냈다. 많은 저서를 남겼는데, 특히『중국 근세 종교윤리와 상인정신』은 학계에 많은 영향을 끼쳤다. 한국어 번역으로는『중국 근세 종교 윤리와 상인 정신』(정인재 옮김, 대한교과서, 1993)으로 출간되었고, 그 밖에『동양적 가치의 재발견: 21세기 새로운 담론 코드』(김병환 옮김, 동아시아, 2007)가 번역되어 있다.]

17 余英時,『士與中國文化』, 上海人民出版社, 1987, 557쪽.

18 Max Weber, *The Protestant Ethic and the Sprit of Capitalism*(London: Unwin Hyman, 1985), Introduction by Anthony Giddens, xxvi.

19 철학 연구자인 저우궈핑周國平은 산문도 다수 남긴 문필가인데, 악성 종양으로 사랑하는 어린 딸 뉴뉴를 여윈 뒤 쓴 책이 일본어로도 번역되었다. 周國平,『ニュウニュウ—18カ月で娘を喪った哲學者の至上の愛』(PHP研究所, 2003).[한국어로는『아빠 빠빠: 어린 딸을 가슴에 묻은 한 아버지의 기록』(문현선 옮김, 아고라, 2006)으로 소개되었다.]

20 徐梵澄,「"超人"論衍」,『古典重溫』, 北京大學出版社, 2007, 214~220쪽.

21 [한국에서는『인간이란 무엇인가』(최명관 옮김, 창, 2008)로 소개되었다.]

22 차젠잉查建英과 간양의 대화,『六十年代訪談錄』, 三聯書店, 2006, 203쪽.

23 甘陽,『古今中西之爭』, 三聯書店, 2006, 174쪽.

24 洪謙,「洪謙教授訪問記」,『洪謙選集』, 吉林人民出版社, 2005, 550쪽.

25 차젠잉과 간양의 대화, 위의 책, 192쪽.

26 [한국에는『존재와 시간』(이기상 옮김, 까치글방, 1998)으로 소개되었다.]

27 간양, 위의 책, 208쪽.

28 [한국에는『니체와 니힐리즘』(박찬국 옮김, 지성의 샘, 1996)으로 소개되었다.]

29 [한국에는『이정표 1·2』(이선일 옮김, 한길사, 2005)로 소개되었다.]

30 이와나미 문고판岩波文庫版『장자』는 다음과 같이 번역하고 있다. "천지의 장구함도 나의 생명과 함께 있고, 만물의 다양함도 나의 존재와 일체다. 이미 일체가 되었는데 다른 말이 있을 수 있겠는가. 그러나 이미 이를 일체라고 한다면 말이 없다고 해서 그것으로 끝날 것인가?"(『莊子』第1册「齊物論篇第二」, 金穀治 譯注, 68쪽).

31 「ハイデガーと中國哲學」,『自由的眞諦: 熊偉文選』, 144~151쪽.

32 농민의 생산 의욕을 자극하기 위해 1978년 이후 중국 농촌에서 실시된 제도. 토지의 공동 소유를 전제로 개인이나 개별 농가가 생산을 청부 맡는 방식. 1982년 인민공사의 해체나 그 후 농업 분야에서의 개혁개방이 추진되는 전기가 되었다.

33 『二十一世紀』, 1991년 12월호, 總第8號 初出. 香港中文大學出版, 中國文化研究所編集.『熊偉文選』, 104쪽.

34 王慶節,「親在と中國的胸襟」,『自由的眞諦』, 395~399쪽.

35 王慶節, 위의 글, 398쪽.

36 M. ハイデガー,『形而上學入門-付·シュピーゲル對談』, 川原榮峰 譯平凡社ライブラリー, 1994, 401~402쪽.

37 [한국에는『서구 마르크스주의 읽기』(류현 옮김, 이매진, 2003)로 소개되었다.]

38 辛劍,「一部寫在東西方文明交匯之際的書: 讀『文明論槪略』」,『讀書』, 1984년 12월호, 45~51쪽.

39 辛劍, 위의 글, 45쪽.

40 [한국에는『왜 일본은 성공하였는가?: 일혼양재』(이기준 옮김, 일조각, 2000)로 소개되었다.]

41 [한국에서 번역된 쉬지린의 저작은 다음과 같은 것이 있다.『왜 다시 계몽이 필요한가: 현재 지식인의 사상적 부활』(송인재 옮김, 글항아리, 2013);『20세기 중국의 지식인을 말하다 1·2』(박종혁 외 옮김, 길,

2011).]

42 甘陽代表編集, 『六十年代文化意識』復刊序文, 上海人民出版社, 2006, 4쪽.

43 중국 현상학 웹사이트 http://www.cnpheonomenology.com/.

44 I. ケルン·倪梁康, 「中國における現象學」, 倪梁康, 『理念人』, 北京大學出版社, 2007, 145~155쪽.

45 倪梁康, 위의 책, 154~155쪽.

46 덧붙여 말하자면 편집했던 현상학 독본讀本의 제목은 『사상 그 자체에 대해서面對事實本身』, 東方出版社(2000)였다.

47 『現象學及其效應: 胡塞爾與當代德國哲學』, 三聯書店, 1994.

48 倪梁康, 위의 책, 372쪽.

49 倪梁康, 『胡塞爾現象學槪念通釋』, 三聯書店, 1999.

50 I. ケルン, 「現象學の角度から見る唯識の三世(現在·過去·未來)」, 『中國現象學與哲學評論』第一卷, 351~363쪽.

51 倪梁康, 위의 책.

52 陳嘉映, 『海德格爾哲學槪論』, 三聯書店, 1995.

53 孫周興, 『說不可說之神秘: 海德格爾後期思想硏究』, 三聯書店, 1994.

54 孫周興, 위의 책, 서문, 1쪽.

55 張祥龍, 『海德格爾思想與中國天道: 終極視域的開啓與交融』, 三聯書店, 1996(2007), 3쪽.

56 [한국에는 『과학 시대의 이성』(박남희 옮김, 책세상, 2009)으로 소개되었다.]

57 伽達默爾, 洪漢鼎 譯, 『眞理與方法(上·下)』, 上海譯文出版社, 1995[『진리와 방법 1·2』(이길우 외 옮김, 문학동네, 2012)].

58 필자가 의거한 것은 가다머가 작고하고 4일 뒤 상하이 화둥사범대 연구자를 중심으로 개최된 「가다머의 해석학 및 중국 사상사의 의미」라는 좌담회의 기록이다. 앞서 소개한 중국 현상학 웹사이트에 게재되었다. http://www.cnpheonomenology.com/modules/article/view.

article.php/118/c8(2010년 8월 1일 확인)

59 [한국에서는 『해석학과 인문사회과학』(윤철호 옮김, 서광사, 2003)으로 소개되었다.]

60 [한국에서는 『시간과 이야기 1·2·3』(김한식 외 옮김, 문학과지성사, 1999)으로 소개되었다.]

61 최근에야 겨우 본격적인 연구서가 출간되었다. 저자는 프랑스에서 귀화한 가오쉬안양高宣揚이라는 중국계 학자로 레비스트로스나 데리다와도 친교가 있다. 그가 쓴 리쾨르의 철학을 논한 책에 리쾨르가 직접 서문을 쓰기도 했다.

62 杜小眞 編集, 『利科北大講演錄』, 北京大學出版社, 2000(2002). 리쾨르가 1999년 9월 중국을 방문했을 때 강연이나 좌담회의 기록은 주로 이 책에 실려 있다. 편집자인 두샤오전杜小眞은 오늘날 중국에서 가장 정력적으로 프랑스 철학을 연구하는 학자로 베이징대 철학부 교수로 있다. 사르트르의 『존재와 무』를 번역하기도 했다.

63 위의 책, 「モラルから制度へ」, 23~36쪽.

64 위의 글, 35~36쪽.

65 위의 책, 「二重の読者になろう」, 37~49쪽.

66 위의 글, 47쪽.

67 위의 책, 리쾨르와 러우위례樓宇烈의 대담, 「理性的思辨と精神の修練」 51~63쪽.

68 [마르셀 그라네의 한국어 번역은 다음과 같다. 『중국사유』(유병태 옮김, 한길사, 2010); 『중국의 고대 축제와 가요』(신하령·김태완 옮김, 살림, 2005)]

69 [한국에는 『야생의 사고』(안정남 옮김, 한길사, 1996)로 소개되었다.]

70 리유정李幼蒸, 「레비스트로스의 구조주의와 중국의 학술: 『야만적 사고』 중국어 신판 서문」에 따른다. 리유정의 개인 웹사이트에도 게재되었다. www.semioticsli.com/li/a/rewenlilun/2001/007/83.

html(2011년 4월 22일 확인)

71 리유정, 위의 글.

72 리유정, 위의 글.

73 리유정, 위의 글.

74 리유정, 「서문」, 『레비스트로스 문집』(2006~2008), 런민다쒜출판사.

75 리유정, 위의 글.

76 리유정, 위의 글.

77 리유정, 위의 글.

78 리유정, 위의 글.

79 드니 베르톨레, 於秀英 옮김, 장쭈젠張祖建 교정, 『레비스트로스』, 런민 다쒜출판사, 2008, 584쪽.

80 [한국에서는 『미셸 푸코, 1926~1984』(박정자 옮김, 그린비, 2012)로 소 개되었다.]

81 『독서』 2001년 9월호, 3~10쪽. 「푸코, 롤스 및 그 외: 하버마스 『독서』 좌담회 기록」 참조. 하버마스는 이 좌담회에서 자신과 푸코는 기본적으 로 큰 차이가 없다고 말하고 있다.

82 리샹李響, 「푸코마저 해결할 수 없는 사상문제」, 사회학 관련 사 이트. www.sociologyol.org/yanjiubankuai/fenleisuoyin/ shehuixuelilun/2009-06-06/811.html(2011년 4월 24일 확인)

83 賈西津, 『心靈與秩序: 從社會控制到個人關懷』, 貴州人民大學出版社, 2004.

84 다니엘 드페르·왕민안汪民安, 「우애, 철학과 정치: 푸코에 관한 인터뷰」, 『독서』 2008년 1월호, 118~128쪽.

85 다니엘 드페르·왕민안, 위의 글, 124쪽.

86 다니엘 드페르·왕민안, 위의 글, 125쪽.

87 다니엘 드페르·왕민안, 위의 글.

88 다니엘 드페르·왕민안, 위의 글.

89 다니엘 드페르·왕민안, 위의 글, 125~126쪽.

90 다니엘 드페르·왕민안, 위의 글, 126~127쪽.

91 『데리다 중국강연록』, 중앙벤이출판사, 2003, 3~40쪽. 이 강연록은 앞
    서 나온 『리쾨르 베이징대 강연록』의 편집자인 두샤오전과 데리다 밑에
    서 공부했고 나중에 보조원으로 근무한 적이 있는 중국인 학자 장닝張
    寧 두 사람에 의해서 편집되었다.

92 위의 책, 48쪽.

93 위의 책, 51쪽.

94 위의 책, 51~52쪽.

95 위의 책, 『독서』 편집부에서 열린 좌담회에서 데리다가 한 발언. 60~61쪽.

96 위의 책.

97 위의 책, 62쪽.

98 위의 책, 111~113쪽. 푸단대에서 열린 강연에서의 데리다 발언. 데리다
    는 두 번에 걸쳐 「프로페션profession의 미래 혹은 조건 없는 대학」을 강
    연했는데, 푸단대에서의 강연이 가장 상세하다.

99 위의 책.

100 위의 책, 118쪽.

101 위의 책, 64~65쪽.

102 위의 책, 65~66쪽.

103 위의 책, 69~70쪽.

104 위의 책, 71쪽.

105 위의 책, 46쪽.

106 왕위안화王元化의 대표적인 논고는 일본어로도 번역되어 있다. 『王元化
     著作集』(全3卷), 汲古書院, 2005~2010.

107 「철학과 사상의 변辨」, 『데리다 중국 강연록』, 136~143쪽.

108 위의 글, 139~141쪽.

109 デリダ, 『生きることを學ぶ·終に』, 鵜飼哲 譯, ミスズ書房, 2005, 60쪽.

110 [한국에서는 『마르크스의 유령들』(진태원 옮김, 이제이북스, 2007)로

소개되었다.]

111 [알렉상드르 코제브의 저작은 한국에 1종이 번역되었다. 『역사와 현실 변증법』(설헌영 옮김, 한벗, 1981)]

112 『데리다 중국강연록』, 76~77쪽.

113 위의 책, 78쪽.

114 위의 책, 81쪽.

115 장닝張寧, 「데리다 방중기」, 『21세기二十一世紀』, 2001년 12월호, 77~84쪽.

116 중국에서 하버마스의 소개에 가장 힘썼던 베이징사범대 차오웨이둥曹衛東 교수의 조사 결과다. 중국어권에서 가장 영향력 있는 위성방송 평황TV에서 하버마스와 그가 중국 사상계에 미친 영향에 대한 차오웨이둥의 강연 내용에 따른 것이다. http://phtv.ifeng.com/program/sjdjt/200908/0914_1613_1347930_1.shtml(2010년 9월 1일 확인)

117 펑즈逢之, 「하버마스 중국 방문기」, 『21세기』, 2001년 6월호(총65호), 香港中文大學中國文化研究所編集, 112~118쪽.

118 중국에서의 강연은 나중에 『하버마스 중국 강연집』으로 출간되었다(中國社會科學院哲學研究所 編集, 人民出版社, 2002년 12월 제1판). 이 강연집은 하버마스 강연의 독일어판 원문과 번역본이 모두 수록되었다. 이 장은 주로 이 강연집을 토대로 한 것이다.

119 『하버마스 중국 강연집』, 16~18쪽.

120 위의 책, 24~25쪽.

121 위의 책, 100~101쪽.

122 위의 책, 104~105쪽.

123 「푸코, 롤스 및 그 외: 하버마스 『독서』 좌담회 기록」, 『독서』, 2001년 9월호, 3~10쪽.

124 위의 글, 4~5쪽.

125 위의 글, 8~9쪽.

126 『하버마스 중국 강연집』, 137~138쪽.

127 위의 책, 61~62쪽.

128 위의 책, 72쪽.

129 위의 책, 208~209쪽.

130 위의 책, 162~163쪽. 이 강연록에 수록된 『麗娃河畔論思想』(許紀霖, 劉擎 編集, 華東師範大學出版社, 2004)도 참고했다. 이 책에는 많은 세계적인 학자가 중국을 방문했을 때 행한 강연도 수록되어 있다. 강연자 목록을 보면 하버마스 외에 찰스 테일러, 리처드 로티도 포함되어 있다.

131 『하버마스 중국 강연집』, 188~189쪽.

132 위의 책, 217~218쪽.

133 위의 글, 『21세기』 하버마스 중국 방문 관련 기사.

134 미시마 겐이치三島憲一, 「日本におけるハーバマスの位置」, 2009년 8월 10일. 『도이칠란트 온라인』 http://www.magain-deutschland.de/ jp/artike-en/article/zur-rezeption-von-habermas-in-japan. html(2010년 12월 확인)

135 마루야마는 사회와 문화의 유형을 '부챗살 유형'과 '문어 항아리 유형' 으로 나누어 설명하고 있다. "부챗살은 아시다시피 대나무의 끝을 가 늘게 여러 개 쪼갠 것입니다. 손바닥으로 말하면 이런 식으로 밑부분이 일치하고 거기서부터 손가락이 뻗어나가는, 그런 유형의 문화가 부챗살 유형이라는 것입니다. 문어 항아리라는 것은 글자 그대로 각각 고립된 문어 항아리가 늘어서 있는 유형입니다." 마루야마는 근대 일본의 학문 이나 문화, 나아가 다양한 사회의 조직 형태가 부챗살 유형이 아닌 문어 항아리 유형이라고 정의하고 있다. 마루야마 마사오, 『일본의 사상』, 김 석근 옮김, 한길사, 1998, 209쪽.

136 가오취안시高全喜, 「하이에크주의와 중국의 컨텍스트」, http://www. xschina.org/show.php?id=11704(2010년 9월 2일 확인)

137 가오취안시, 위의 글.

138 구준顧準(1915~1974). 전 공산당 고위 간부. 정치운동으로 실각하여,

두 차례나 '우파'라는 낙인이 찍힌 특이한 이력의 사상가이기도 하다. 정계에서 물러난 뒤, 슘페터의 저서를 번역하는 등 경제 연구에 전념했다. 문혁이 진행되는 과정에서 그를 둘러싼 상황이 점점 더 악화되었음에도 고대 그리스 문명과 중국 문명의 비교 연구, 헤겔 철학에 대한 비판과 경험주의에 대한 재평가 등 강인한 정신력으로 학문 탐구를 계속했다. 그의 연구는 하이에크나 벌린을 통한 것이었다고 곧잘 평가된다.

139 린위성林毓生, 「어느 정신 귀족의 서거」, 『독서』, 1992년 9월호, 57~60쪽.

140 [한국어판은 『고슴도치와 여우: 우리는 톨스토이를 무엇이라 부르는가』 (강주헌 옮김, 애플북스, 2010).]

141 Isaiah Berlin, *The First and the Last*, The New York Review of Books, 1999, pp. 21~78.

142 위의 책, 편집자인 헨리 하디의 회상.

143 허화이훙何懷宏, 「합의를 찾아서: 『정의론』에서 『정치적 자유주의』로」, 『독서』, 1996년 6월호, 202~228쪽.

144 저우바오쑹, 「정의를 찾아서: 롤스를 추도하다」, '思與文' 사이트, '존 롤스 특집', http://www.chinese-thought.org/zttg/0501_les/001318. html(2010년 9월 10일 확인)

145 [마루야마 마사오의 후쿠자와 유키치론 한국어판은 『문명론의 개략을 읽는다』(김석근 옮김, 문학동네, 2007).]

146 [한국어판은 『일본 정치사상사 연구』(김석근 옮김, 통나무, 1998).]

147 [한국어판은 『일본의 사상』(김석근 옮김, 한길사, 1998).]

148 [마루야마 마사오의 『충성과 반역: 전환기 일본의 정신사적 위상』(김석근 옮김, 나남출판, 1998) 참조.]

149 長尾龍一 編集, 『カール·シュミット著作集』(全2卷), 慈學出版社, 2007.

150 Jan-Werner Müller, *A Dangerous Mind*, Yale Universtiy Press, 2003, ix.

151 나가오 류이치, 「カール·シュミット傳」, 위의 책, 465~467쪽.

152 [카를 슈미트, 『파르티잔』(김효전 옮김, 문학과지성사, 1998).]

153 [카를 슈미트, 『정치적인 것의 개념』(김효전 외 옮김, 살림, 2012).]

154 나가오 류이치, 위의 책(제1권), 464쪽.

155 나가오 류이치, 위의 책(제2권), 359~360쪽.

156 나가오 류이치, 위의 책(제2권), 359쪽.

157 劉小楓 編集, 『カール·シュミットと政治法學』(上), 三聯書店, 2002, 53쪽.

158 劉小楓, 『聖靈降臨の敍述』, 華夏出版社, 2008, 19쪽. 류샤오평이 2001년 도쿄대 객원 연구원으로서 체재했을 무렵 일본의 인문과학을 이끄는 학자들과 대담이나 교류를 했는데, 입버릇처럼 이 '충돌'이라는 단어를 사용했던 기억이 아직도 남아 있다.

159 나가오 류이치, 「カール·シュミット傳」, 『カール·シュミット著作集』 I, 459쪽.

160 許章潤, 「중국에는 왜 민주주의가 도래하기 어려운가」, '中國選擧與治理' 웹사이트 http://www.chinaelections.org/NewsInfor?NewsID=171193(2011년 3월 1일 확인)

161 [한국어판은 『미국 정신의 종말』(이원희 옮김, 범양사, 1989).]

162 I. バーリン/R·ジャハンベグロー, 河合秀和 譯, 『ある思想史家の回想: アイザィア·バーリンとの對話』, みすず書房, 1993.

163 [레오 스트라우스, 『마키아벨리』(함규진 옮김, 구운몽, 2006).]

164 劉小楓, 「シュトラウスと中國: 古典的心性の出會い」, '古典學園' 웹사이트, http://akademia.vip126.kaiyele.net/hbcms/upload/file/original/f8/f8df195ac7843efae5cf0d8641267ad8.pdf.

165 Carl Schumit, *The Concept of The Political*(expanded edition, with Leo Strauss' Notes on Schmitt's Essay, translated by Harvey Lomax) 122쪽, translated by George Schwab, The University of Chicago Press, 2007.

166 류샤오평, 위의 글.

167 류샤오평, 위의 글.

168 류샤오펑, 위의 글. 류샤오펑의 「シュトラウスと中國: 古典的心性の出會い」는 그의 주석에 따르면 프랑스 학자에게 요청을 받아서 쓴 것이라고 한다. '古典學園' 웹사이트 참조.

10년 전만 해도 중국은 가난하다는 인상이 강했지만, 현재는 부자가 많은 나라로 인식될 정도로 경제가 성장했다. 오늘날에는 누구나 G2로서의 슈퍼 차이나에 대해서 이야기하지만, 그사이에 중국이 어떻게 서양을 수용하고 이를 자신의 것으로 만들고 있는지에 대해서는 그다지 잘 알려져 있지 않다.

　일본 학계에서 활약하는 중국인 학자 왕첸王前의 이 책은 문화대혁명이라는 거대한 파도를 겨우 넘은 1980년대부터 서양과 일본 등으로부터 갑작스럽게 밀려들던 현대 사상에 대해 중국 지식인들이 어떻게 반응하고 수용했는지를 다루고 있다. 이 책이 지닌 장점은 서구와 일본의 현대 사상이 지닌 현실적인 의미를 요령 있게 포착하면서도, 각각의 사상을 수용한 중국 학자들의 면모를 친절하게 소개하고 있다는 점일 것이다. 서구 및 일본의 사상가들과 중국의 사상가들이 마치 데칼코마니처럼 서로 얽히면서 새로운 화음을 만들어가는 것처럼 느껴질 정도다. 이 책을 통해 『절망에 반항하라』 등으로 우리에게 친숙한 왕후이汪暉뿐만 아니라, 더 많은 중국 현대 사상가들이 소개될 수 있으리라 기대된다.

이 책은 중국이 어떻게 현대 사상을 받아들였는가에 대한 안내서라고 할 수 있다. 뿐만 아니라, 앞으로 한국 현대 지성사를 어떻게 재구성할 것인가라는 점에서도 많은 자극이 되길 바란다. 문화대혁명 이후 현대 사상을 받아들인 지 얼마 되지 않은 중국도 이런 책을 내는데, 중국보다 훨씬 더 긴 역사를 지닌 한국 현대 지성사에 이와 같은 안내서가 없다는 사실이 안타깝다.

저자를 만나본 적은 없지만, 번역 내내 저자가 중국이 깊은 사고를 지닌 사회, 합리적으로 판단하는 사회가 되길 얼마나 간절히 원하고 있는지 느낄 수 있었다. 이는 이 책이 지닌 힘 가운데 하나일 것이다.

한편 역자 후기를 쓰던 즈음, 한국에서는 샤먼이 정권의 배후에서 사회를 농락하고 있었음이 폭로되었다. 점점 기성세대가 되어가는 사람으로서 이루 말할 수 없는 자괴감과 무력감을 느꼈다. 언젠가 비트겐슈타인이 "철학은 언어에 의해 우리의 지성이 사로잡히는 것에 맞서는 투쟁"이라고 쓴 적이 있다. 철학을 포함한 인문학적 지식만큼 오늘날 한국 사회에 절실한 것은 없으리라고 믿는다.

　애초 출판사가 이 책의 번역을 권유했을 때는 외국인이 일본어로 쓴 문장이니 비교적 간단하리라 기대하고 덜컥 수락해버렸다. 정작 번역을 시작하자 내용도 내용이거니와 문장이 의외로 까다로워서 내내 애를 먹었다. 나름대로 최선을 다해서 알기 쉽게 전달하고자 노력했지만 얼마나 많은 오류가 있을지 두려움이 앞서는 것이 솔직한 심정이다. 독자의 많은 질정을 부탁드린다.

　번역 원고를 글항아리 출판사에 넘기고 다시 교정지를 받을 때까지 많은 시간이 흘렀다. 교정지를 다시 검토하면서 나 역시 한 명의 독자로서 중국에서 벌어지는 사상의 사투를 흥미진진하게 목도할 수 있었다. 독자들도 그 같은 재미를 느낄 수 있기를 진심으로 바라 마지않는다.

　끝으로 번역을 권유해준 강성민 대표, 노승현 선배를 비롯하여 번역 원고를 꼼꼼히 검토해준 편집자께 진심으로 감사드린다. 그리고 역자보다 더 먼저 교정지를 읽어보면서 "재미있다"는 말을 연발해준 사랑하는 아내 은희에게도 고맙다는 말을 하고 싶다. 그리고 은사 박기수 선생님, 안정적인 연구 환경을 마련해준 부산대 역사교육과 여러 선생님과 번역을 후원해준 부산대 인문학연구소 김인택 소장님, 그리고 늘 신세를 지고 있는 같은 연구소 이효석 선생님께도 깊이 감사드린다.

2017년 1월

홍성화

중국은 어떻게 서양을 읽어왔는가

초판인쇄   2017년 1월 23일
초판발행   2017년 1월 30일

지은이   왕첸
옮긴이   홍성화
펴낸이   강성민
편집장   이은혜
기획   노승현
편집   박세중 박은아 곽우정 한정현 김지수
편집보조   조은애 이수민
마케팅   이연실 이숙재 정현민
홍보   김희숙 김상만 이천희

펴낸곳 (주)글항아리│출판등록 2009년 1월 19일 제406-2009-000002호

주소 10881 경기도 파주시 회동길 210
전자우편 bookpot@hanmail.net
전화번호 031-955-8891(마케팅) 031-955-1934(편집부)
팩스 031-955-2557

ISBN 978-89-6735-408-4 93100

글항아리는 (주)문학동네의 계열사입니다.

이 도서의 국립중앙도서관 출판예정도서목록(CIP)은 서지정보유통지원시스템
홈페이지(http://seoji.nl.go.kr)와 국가자료공동목록시스템(http://www.nl.go.kr/kolisnet)에서
이용하실 수 있습니다. (CIP제어번호 : CIP2016031587)

이 저서는 2007년 정부(교육과학기술부)의 재원으로 한국연구재단의 지원을 받아 수행된 연구임
(NRF-2007-361-AM0059)